운명에서 해방되는 그 밤,
하늘 군대의 승전 나팔 소리가 울려 퍼진다.

그날 밤

That Night

운명에서 해방되는 그 밤,
하늘 군대의 승전 나팔 소리가 울려 퍼진다.

그날 밤
That Night

임재영 소설

목차

작가의 말   6

그날 밤   9

장군과 사하   87

할렐루야   129

오네시모와 크리스마스   163

작가의 말

　세상에는 멋진 소설들이 많다. 시대의 정신을 잘 반영하고, 탄탄한 사건의 구성이 돋보이며, 인물들의 다양한 감정을 생생하게 묘사하고, 매력적인 문장으로 독자를 사로잡는 이야기들은 마음속에 오래도록 남는다. 그런 작품들은 시대를 뛰어넘어 후세에도 끊임없이 영향을 미친다.

　그런데 세상에서 그 가치를 인정받은 수많은 소설 중에 '예수 그리스도의 복음'을 주제로 하는 작품에는 과연 어떤 것이 있는가?

　이 질문에 답을 하기 어려웠다. '복음 문학'은 17세기 영국의 존 번연John Bunyan이 쓴 「천로역정The Pilgrim's Progress」이 유일하며 그 후 300여 년이 지나는 동안 어떠한 족적도 남기지 못했던 것이다.

하나님의 은혜로 복음의 능력을 체험한 후에, 나는 복음 문학의 부재가 몹시 안타까웠고, 복음을 온 세상과 후대에게 지속적으로 전달하는 효과적인 통로가 될 복음 문학의 등장을 기대하며 기도해왔다.

그러던 중 직접 소설을 써보자는 생각이 들었고, 몇 개월간 정신없이 써내려갔다. 그리고 드디어 그 결과물을 세상에 내놓게 되었다.

이 책이 복음 문학이라는 거대한 여정의 첫걸음이 되기를 간절히 기도해본다.

2022년 2월, 임재영

That Night

그날 밤

대학 시절, 나는 주변 사람들에게 굉장히 열성적인 기독 청년으로 보였을 것이다. 내가 항상 들고 다니던 손바닥만한 크기의 노트에는 학교 친구들, 선후배들의 이름이 빠짐없이 적혀 있었다. 나는 아침과 밤에 조용히 그들의 이름을 말하며 기도하곤 했다. 기회가 있을 때마다 그들을 만나 복음을 전하는 것이 나의 중요한 일과였다. 물론 듣기 싫어하는데 억지로 전도를 시도하지는 않았다. 나는 신중하게 그리고 진실하게 내 안에 있는 소중한 내용을 전달하고자 노력했고, 몇몇은 내 말을 듣고 신자가 되기도 했다. 그러나 대부분은 나를 '전도사' 내지는 '목사'라는 별명으로 부르며 놀리곤 했다. 내가 과 행사에 얼굴을 내밀면 짓궂은 친구들은

"저기 목사님 오신다! 어린 양들에게 생명의 양식을 주시옵소서!"

라며 야단법석이었다. 또는

"믿습니까?"

"아멘!"

과 같은 말들을 구호처럼 외치며 가벼운 장난을 치기도 했다.

하지만 나는 집과 학교, 교회밖에 모르는 신학생 같은 타입은 아니었다. 이는 대체로 두 가지 정도의 이유 때문이라고 말할 수 있는데, 나의 동아리 활동과 해외여행에 관한 전문가 못지않은 경험이 바로 그것이었다.

이미 어린 시절부터 흑인 음악에 매료되었던 나는 대학에 입학하자마자 힙합 동아리에 가입했다. 당시 힙합 음악은 그리 대중적인 장르가 아니었다. 그래서인지 우리 화공과에서는 나를 제외하고 아무도 이 동아리에 가입한 사람이 없었다.

"뭐? 목사님이 힙합 동아리라고?"

맥주 한 병을 제공하는 2,000원짜리 동아리 축제 공연 티켓을 팔았더니 친구들의 눈이 휘둥그레졌다. 예나 지금이나 목사와 힙합이란 교집합을 거의 찾을 수 없는 종류인 모양이다. 어쨌든 나는 첫 공연에서 에미넴Eminem의 「루즈 유어셀프Lose Yourself」를 완벽하게 불렀다. 뜨거운 환호와 박수갈채가 터져 나왔고, 구경을 왔던 친구들은 거의 기절할 뻔했다.

나의 부모님은 신실한 기독교인들이셨는데, 내가 세계 선교의 사명을 품기를 원하셨다. 그래서 넉넉하지 못한 형편에도 불구하고 두 번이나 교회에서 가는 선교 여행에 나를 참가시켰다. 그 덕분에 나는 중학생 때 파푸아뉴기니, 캄보디아, 태국, 베트남과 같은 나라들을 다녀왔다. 이때의 여행은 내게 선교에 대한 뜨거운 마음을 심어 주기에 충분했다. 그러나 정해진 일정에 따라 움직여야만 하는 방식에 답답함을 느낀 나는 대학에 들어가면 혼자 자유롭게 다녀보리라 마음을 먹었다.

그리하여 대학교 1학년 여름 방학 때, 아르바이트와 과외를 하며 모은 돈을 들고 평소 동경하던 유럽으로 배낭여행을 떠났다. 꽤 많은 나라와 도시를 다녔는데, 예산이 부족한 탓에 싸구려 식당과 숙소를 찾아다니기 일쑤였다. 하지만 그것은 나름의 재미와 낭만으로 가득했다. 호스텔의 테라스나 거실에서는 전 세계의 젊고 가난한 배낭여행자들이 시장이나 길거리에서 산 음식을 먹으며 웃고 떠들었다. 집을 갓 나선 햇병아리들은 여권에 가득 찍힌 출입국 도장을 훈장처럼 여기는 노련한 여행자들의 끊임없는 이야기에 귀를 쫑긋 세웠다. 여행자들은 론니플래닛(Lonely Planet: 해외여행 가이드북의 일종)에도 없는 정보를 공유했고, 대형 마트에서 구입한 값싼 맥주 캔을 부딪치며 친구가 되었다. 어떤 이들은 국제 커플이 되기도 했다. 일상에서는 보기 어려운 특이한 경험이었다.

여행은 내게 넓은 세상과 다양한 사람들에 대해 가르쳐주었다. 선교의 차원을 넘어 여행 자체의 즐거움에도 눈을 뜨게 된 나는 방학 때마다 새로운 모험을 찾아 중앙아시아, 중동 등지로 떠났다.

⇉

    나의 여행이 잠정 중단된 것은 2학년 겨울의 군 입대 때문이었다. 나는 기초 군사훈련을 마치고 후방의 한 사단급 부대에 배치되었는데, 거기서도 계속된 나의 전도 활동을 눈여겨보던 군종 목사의 추천에 따라 군종병으로 차출되었다. 부대 내 교회의 행정과 병사들의 신앙 상담이 주된 업무였다. 군종 목사는 사람 좋은 옆집 형 느낌의 젊은 소령으로 계급을 떠나 내게 인간적으로 잘 대해 주었다. 그의 주일 설교는 힘이 있었고, 장병들은 하나님의 은혜에 감동했다. 이따금 그와 신앙생활에 관해 이런저런 대화를 나누었는데, 내가 전역을 두 달여 앞둔 어느 날 그의 인도 선교 여행에 관한 이야기를 들을 수 있었다.

    "신학생 때 한 선교회를 따라 캘커타 Calcutta의 빈민촌에 갔었어. 가기 전에 거기가 어떤 현장인지 대략 듣긴 했지만, 실제는 더 참담하더군. 계기판이 고장 난 낡은 봉고차를 타고 식민지풍의 건물들과 현대식 마천루가 웅장하게 솟아 있는 큰길에서 거리 안쪽으로 들어갔지. 거기에는 자동차도 다니고 오토바이도 다니고 릭샤(Rickshaw: 인력거)도 다니고 짐수레도 다니고 사람도 다니고 소도 다니고 개도 다니는 더럽고 복잡한 골목들이 있었는데, 운전기사는 요령 있게 요리조리 잘 빠져나가더군. 거기서 조금 더 들어가니까 수십 년에 걸쳐서 쌓인 것 같은 거대한 쓰레기장이 모습을 드러냈어. 놀랍게도 거기가 빈민촌 입구였지. 사람들이 쉽사리 나오지 못하게 거기서부터 쓰레기 더미로 빙 둘러 벽을 쌓은 일종의 게토(Ghetto: 소수자들을 격리하기 위해 설정한 구역) 같은 곳이었어. 밖에서는 그 안에 사람들이 살고 있을 거라고 상상조차 할 수 없었어. 안으로 들어가 보니 전쟁이 한바탕 휩쓸고 지나갔다고 해도 믿을 것 같은 동네가 나오더군. 다 쓰러져가는 판잣집이랑 천막들이 벌집처럼 붙어 있고, 빨래인지 쓰레기인지 구분도 안 되는 옷가지들이 널려 있었어. 동네를 가로지르는 개천에는 심하게 오염된 물이 온갖 쓰레기와 함께 흐르고 있었지. 차창을 열지 않았는데도 불쾌한 냄새가 코를 찔렀어."

그의 눈시울이 약간 붉어졌다. 그는 물을 한 모금 마시고 말을 계속했다.

"지나가면서 사람들의 눈을 바라보았어. 하나 같이 초점 잃은 눈동자를 지니고 있었지. 혼돈과 공허가 영혼을 삼켜 버린 것 같이 있어. 극심한 기난과 질병과 멸시의 시선에 짓눌린 채 흑암 속에서 헤매는 사람들을 안타까운 심정으로 보고 있었는데, 더욱 가슴을 아프게 한 건 희망이 뭔지 아예 모르는, 그 안에서 나고 자란 아이들의 무심한 표정이었지."

짧은 침묵 뒤에 그는 말을 이어나갔다.

"하지만 그런 곳에서도 주님의 역사는 일어나고 있었어."

나는 그의 얼굴을 똑바로 바라보았다.

"도착했을 때부터 무엇보다 아이들을 생각하며 눈물로 기도했어. 얼마 후에 스무 살 남짓한 청년을 만나 복음을 전했는데 그가 예수를 믿고 하나님 자녀가 되었지. 쓰레기 더미에서 쓸 만한 물건을 주워서 생계를 유지하던 친구였어. 그런데 그를 다시 만나 성경을 가르쳐 보았더니 놀라울 정도로 말씀을 잘 이해하는 거야. 그는 며칠 후에 자기와 함께 쓰레기를 뒤지는 몇 명의 아이들을 데려왔지. 모두 복음을 받고 하나님 자녀가 되었어. 예수를 구원자로 받아들이고 기뻐하던 그 아이들의 눈빛이 지금도 눈을 감으면 떠오를 정도로 생생해."

내 안 어딘가 깊은 곳에서 미세한 진동이 느껴졌다. 아주 작지만 또렷한, 뜨거운 진동이었다.

"그때 복음을 받고 운명의 틀을 깬 그 청년은 선교회의 도움으로 글을 배우고 학교에 다니게 되었지. 영리한 데다 하나님께서 주신 지혜로 공부한 모양이야. 나중에는 한국에 있는 신학 대학을 졸업하고 파송되어 캘커타로 돌아갔어. 지금은 그 빈민촌에 교회를 세워 아이들에게 복음을 전하고 있다네."

군종 목사는 매년 선교회의 소식을 이메일로 받아 보고 있다고 했다. 나는 여느 때처럼 잠자리에 들기 전 조용히 기도했다. 그러면서 군종 목사의 이야기를 생각했다. 문득 사마리아가 연상되었다. 유대인들에게 철저히 소외된 땅, 그 안에서조차 천대를 당하던 수가의 여인은 손가락질을 피해 폭염의 시간에 물을 길으러 나왔다(요4:5~7). 비참한 삶보다 그 근원인 영혼의 갈증에 더욱 괴로움을 느끼던 그녀에게 그리스도께서는 마시면 영원히 목이 마르지 않는 생수를 주셨다(요4:26). 그녀는 운명의 굴레를 깨뜨리고 나와서 자기를 향하여 손가락질하던 사람들에게 외쳤다. '나와 당신들 모두의 구원자, 그리스도를 만났다.'라고(요4:28~29). 말씀이 떠올랐다.

> 오직 성령이 너희에게 임하시면 너희가 권능을 받고 예루살렘과
> 온 유대와 사마리아와 땅 끝까지 이르러 내 증인이 되리라 하시니라
> 행1:8

'땅 끝? 땅 끝은 대체 어디인가?'

그것은 지리적인 의미가 아니었다. 아무도 돌아보지 않는 버려진 곳, 버려진 사람들, 버려진 영혼들이었다. 수백 광년쯤 떨어진 별들의 아스라한 빛처럼 희미한 아이들의 눈동자가 떠올랐다. 그곳에는 운명의 족쇄에 묶여 있는 수많은 아이들이 있다.

'주님의 뜻인가.'

어디선가 빛줄기처럼 깨달음 하나가 마음으로 비쳐 들었다. 아까 전과 비슷한 진동이 또 느껴지기 시작했다. 더욱 또렷하고 규모가 큰 울림이 내 영혼을 흔들었다.

그리하여 나의 다음 여행지는 인도로 정해졌다. 군종 목사가 말한 선교회의 홈페이지를 통해 일정을 문의했다. 7월에 2주간 진행되는 선교 여행이었다. 나는 군대 월급을 모은 돈을 몽땅 털어 넣었다. 하지만 그것은 겨우 숙식비를 충당할 수 있는 정도였으므로 전역 후에 곧바로 과외를 시작해야만 했다. 마침 대학 입

시 결과 발표 시즌이 거의 막바지였다. 대입에 다시 도전하는 학생들 과외가 몇 개 들어왔다.

>>>>

봄비가 내렸다. 묵은 겨울이 씻겨 내리며 하수구로 흘렀다. 3월의 캠퍼스에는 체리콜라 같은 웃음소리가 여기저기 톡톡 튀고 있었지만, 나는 빡빡한 전공과목 수업과 자격증 준비로 시간적 여유가 없었다. 그래서 복학 후 동아리방에도 한번 가 보지 못했다. 그러는 사이 많은 힙합 뮤지션들이 신곡을 발표했다. 3월 말 신입생 환영회 날이 되어서야 미안한 마음에 치킨 두 마리를 사 들고 동아리방에 얼굴을 내밀었다.

"Yo yo, what's up, bro!"(어때, 형제?)

나와 같은 시기에 복학한 경영학과 친구인 진석이가 반가워하며 유쾌하게 맞이했다.

"Nothing much."(별거 없어.)

그는 내 양손에 들린 치킨 상자를 보더니 더욱 격하게 반가워했다.

"순살이지? 뼈 있는 거 내 취향 아니잖아."

나는 살며시 미소 지으며 주먹을 내밀었다.

"뼈 있는 거야. 국내산, 무항생제."

그는 얼굴을 살짝 찌푸렸다가 이내 다시 웃으며 자기 주먹을 맞대었다.

"그럼 닭다리는 내 거."

정말 오랜만이었다. 동아리방을 둘러보니 낯선 얼굴들 대여섯이 앉아 있었다. 그중 유독 헐렁헐렁한 칼카니 진청 바지와 아베크롬비 후드 집업, 발목 위까지 올라오는 커다란 팀버랜드 부츠로 코디한 후배가 눈에 띄었다. 유행이 막 지나가고 있는 패션이었으나 그런 것쯤은 전혀 개의치 않는 듯한 당당함이 느껴졌다. 진석이가 나를 후배들에게 소개했다.

"자, 여기 이분은 힙합 목사님이야."

나는 후배들에게 인사했다.

"신학과신가 봐요?"

오리지널 힙합 패션의 후배가 물었다.

"아니, 이 형은 화공과 다니는데, 아주 아주 매우 매우 독실한 기독교인이라 별명이 목사님이야."

진석이가 내 대답을 가로채며 말했다. 그는 후배들에게 자기소개를 시켰다. 그들은 하나씩 돌아가며 이름과 나이, 학과, 사는 곳, 좋아하는 뮤지션 등을 말했다. 내게 신학과인지 물어본 후배의 이름은 현우였다. 앉아 있을 때는 몰랐는데 일어나서 자기소개하는 모습을 보니 꽤 키가 크고 근력 운동에 취미가 있는 듯 덩치가 제법 있었다. 스무 살의 앳되어 보이는 티 없는 하얀 피부는 무표정일 때 약간 험상궂게 느껴지는 얼굴과 썩 조화를 이루는 편은 아니었다.

"저는 영문과 다니고 엘엘 쿨제이 L.L. Cool J의 노래를 좋아합니다."

이때 힙합에 관심이 있는 아이들은 대개 힙합이라 말하기에는 다소 무리가 있는, 랩이 약간 섞인 아이돌 류의 음악을 들었다. 어느 정도 심취한 경우라도 언더그라운드의 인지도 있는 한국 힙합을 듣는 게 고작이었다. 그런데 엘엘 쿨제이라니. 올드 스쿨 힙합(Old skool hiphop: 70~80년대 초기 힙합 음악)의 대표 주자 격인 그를 아는 경우는 힙합 좋아한다는 친구 중에서도 매우 드물었다.

"오, 그래? 「락 더 벨스Rock the bells」 같은 거 좋아하나?"

강한 느낌의 랩이 왠지 현우와 잘 어울릴 것 같다는 생각으로 내가 물었다. 예상은 빗나갔다.

"아니요, 그런 비보잉에 어울리는 곡 말고요, 보이즈 투맨Boyz II Men이 피쳐링 한 「헤이 러버Hey lover」 같은 거요. 제가 몸집은 이래도 아직 사랑을 못해 봐서 그런지 알앤비(R&B: Rhythm and Blues의 약칭) 감성의 달달한 사랑 노래를 좋아합니다."

모두가 와아, 하고 웃어댔다. 현우는 조금 수줍어했다.

"영문과에 여자애들 많잖아?"

진석이가 물었다.

"많죠. 그런데 힙합 좋아하는 애는 없더라고요."

"원래 여자는 힙합 안 좋아해."

"정말요?"

"뭐야, 오빠! 난 여자 아니야?"

우리 동아리의 홍일점인 민지가 발끈했다.

"응, 아니야. 넌 남자."

진석이는 장난기 가득한 표정으로 대답했다.

"치, 짜증나."

민지는 진석이를 쏘아보았다. 그러고는 불만스러운 표정으로 큼지막한 닭다리를 집어 들었다. 한입 베어 물고 질겅질겅 씹어대다가 갑자기 신입생들을 향해 방긋 미소 지으며

"우리 새내기들 먹으렴."

하고 닭다리를 죄다 넘겨주었다. 진석이는 결국 닭다리를 먹을 수 없었다. 조촐한 환영회가 끝난 뒤 우리는 동아리 축제 공연에 대해 의논했다. 후배인 동아리 회장은 나에게도 한두 곡 참여해 주기를 부탁했다. 나는 현우와 엘엘 쿨제이의 노래를 부른다는 조건으로 수락했다.

⊱⊰

4월 중순, 연분홍 꽃잎들이 따사로운 봄기운으로 포근하게 데워진 바람에 실려 이리저리 흩날렸다. 그것은 마치 수많은 발레리나의 군무 같았다. 은은한 벚꽃의 향기가 퍼져 나갔다. 밤낮을 가리지 않고 꽃놀이를 나온 사람들의 물결이 서울 곳곳을 덮고 있는 와중에 나의 일상은 더욱 바쁘게 전개되고 있었다. 자격증 시험에는 바로 합격하여 한숨을 돌리는 듯했으나 전공 과제는 나날이 어렵고 복잡해졌다. 동아리 축제 준비도 소홀히 할 수 없었다. 게다가 덜컥 과외를 하나 더 맡게 되었다. 같은 교회의 장로님이 소개

해 준 것인데 학생 집이 연희동이라 걸어서 갈 수 있는 데다가 방학 중에 선교 여행을 갈 때는 잠시 쉬어도 좋다고 했다. 과외비는 무려 월 70만 원이었다. 최고의 조건이었기 때문에 더 바빠질 것이 뻔히 보였는데도 놓칠 수 없었다. 학자금 대출을 빨리 갚기 위해, 또 무엇보다 인도 여행 경비를 충당하기 위해 그 과외가 꼭 필요했다.

나는 선교 여행 앞에 열흘 정도를 더 붙여 유명한 관광지, 이를테면 갠지스강Ganges River이라든가 타지마할Taj Mahal, 레드 포트Red Fort, 쿠트브 미나르Qutab Minar 등을 둘러볼 셈이었다. 과외를 너무 오래 쉴 수는 없었기 때문에 자유 여행 기간을 그 이상으로 길게 잡을 수는 없었다. 짬을 내어 인터넷으로 항공권을 찾아보았다. 몇 번의 검색 끝에 말레이시아를 경유하는 콜카타(Kolkata: 캘커타의 새 이름) 왕복 항공권을 25만 원이라는 엄청나게 저렴한 가격에 살 수 있었다. 내가 계획한 여행은 콜카타에서 기차를 타고 바라나시Varanasi-아그라Agra-뉴델리New Delhi로 이동하면서 열흘간 관광한 후, 뉴델리에서 비행기를 타고 콜카타로 돌아와 선교 활동에 참가하는 것이었다.

나는 틈틈이 세부적인 일정을 구상했다. 도서관에서 책을 빌렸고 인터넷 검색을 했다. 가이드북에서는 유명 관광지에 관한 기본적인 정보를, 인터넷을 통해서는 현지 사정이나 위험 요소 등에 관한 정보를 얻었다. 물가는 저렴하지만, 여행지로서 인도의 악명은 익히 알려진 바였다. 알아 갈수록 여행의 난이도가 높게 느껴졌다. 여행자를 노리는 소매치기나 사기꾼이 흔했고 심지어 강도를 당하는 경우도 있었다. 그럼에도 블랙홀처럼 매년 수백만의 배낭여행자들을 빨아들이는 것을 보면 인도에는 내가 모르는 어떤 신비한 매력이 존재하는 게 틀림없어 보였다. 어쨌거나 철저한 준비가 필요할 것 같았다.

어느 날, 강의가 없는 시간에 잠시 현우와 동아리방에서 만났다. 각자 맡은 파트를 부르며 호흡을 맞추어보기 위해서였다. 현우는 이번에도 헐렁한 힙합 패션으로 나타났는데, 거의 완벽에 가까울 정도로 자기 파트를 소화해 냈다. 그래서 연습은 싱겁게 끝났다. 나는 이야기도 하고 복음도 전할 기회를 얻을 겸 현우에게 점심을 사 주기로 했다.

우리는 학교 근처의 한 베트남 음식점으로 갔다. 베트남인 부부가 운영하는 작은 가게였다. 골목 안쪽에 있어 눈에 잘 띄지는 않았으나, 현지의 맛을 느끼고 싶은 사람들이 알음알음 찾아오는 곳이었다. 마침 현우는 쌀국수를 좋아한다고 했다. 벽에는 아오자이(Ao Dai: 베트남 여성의 전통 의상)가 걸려 있고, 천장에는 베트남식 밀짚모자와 색색의 등이 매달려 있어 호이안Hoi An의 거리를 연상시켰다. 우리는 소고기 쌀국수와 분짜(Bun Cha: 쌀국수와 숯불에 구운 돼지고기, 채소를 소스에 적셔 먹는 베트남 요리)를 주문했다. 음식을 기다리는 동안 집안 얘기나 학교생활, 최근 발매된 힙합 앨범에 관한 대화를 나누었다. 현우는 위압감을 주는 큰 허우대에 비해 성격이 온순했고 예의도 바른 편이었다. 곧 음식이 나왔다. 이국적인 향이 식당 가득 퍼졌다.

"고수가 들었는데 괜찮겠어?"

"네, 괜찮아요. 저는 아무 음식이나 가리지 않고 잘 먹거든요. 감사히 잘 먹겠습니다."

현우는 뜨거운 국물을 후후 불어 가며 열심히 먹었다. 그러다가 갑자기 무언가가 생각났다는 듯이 물었다.

"형, 그런데 이번 여름에 인도 가신다면서요?"

"맞아. 어떻게 알았지?"

"민지 누나가 얘기해 주던데요. 형은 방학 때마다 배낭여행을 다닌다고 하면서요. 인도 여행 가려면 돈이 얼마나 들어요?"

"열흘 동안 다닐 거고 비행기 표랑 비자를 포함해서 한 100만 원 예상하는데."

"와, 생각보다 저렴하네요!"

그는 감탄하며 말했다.

"그런데 그건 항공권을 싸게 샀을 때 얘기야. 나는 며칠 전에 쿠알라룸푸르Kuala Lumpur를 경유하는 캘커타 왕복 25만 원짜리 특가 티켓을 구했거든."

나는 손가락으로 브이를 만들어 보였다.

"아, 비행기 티켓 가격이 계속 올라가는 모양이네요. 혹시 지금도 25만 원에 살 수 있을까요?"

"글쎄, 가능할 것 같긴 한데. 왜? 너도 인도 가려고?"

나는 고기 한 점을 양념에 찍어 먹으며 물었다.

"제가 해외여행을 아예 안 가 봤거든요. 대학 오면 배낭여행을 하고 싶었는데 막상 돈이 없어서 유럽 같은 데는 엄두를 내지 못하겠더라고요. 부모님께 손 벌리기도 좀 그렇고요. 그런데 100만 원이라면….."

현우는 망설이는 듯한 표정이었다.

"한 살이라도 어릴 때 여행을 다녀오는 게 좋지. 나중에 군대 갔다 오고 취업하면 기회가 거의 없을걸?"

"그럴 것 같아요. 저, 그래서 말인데…, 형 가실 때 저도 데려가 주시면 안 될까요?"

나는 늘 여행을 혼자 다녔기 때문에 현우도 혼자 배낭여행을 하려는 것이리라 생각하고 있었다. 그래서 그의 요청이 조금 당황스러웠다.

"음, 글쎄."

나는 잠시 생각했다. 인도 여행의 위험 요소들이 떠올랐다.

'내가 남자긴 하지만 쉬운 여행이 되지는 않을 것 같다. 혹시 강도를 만나거나 여럿이 몰려다니는 불량배들을 만날 수도 있을 테지. 하지만 이 큰 녀석과 함께 다닌다면…, 또 이 녀석이 신자가 아니라면 여행을 다니면서 이야기할 시간이 많을 테니 그때 복음을 전할 수 있지 않을까?'

"형, 부탁드려요."

현우는 다시 간곡하게 말했다.

"좋아. 그럼 같이 가는 것으로 하지. 하지만 조건이 몇 가지 있어. 첫째, 나를 잘 따라다녀야 해. 서로 스타일이 다르면 여행이 피곤해지니까. 둘째, 열흘 동안의 여행이 끝나면 나는 캘커타에서 2주간 따로 머물 거야. 너는 캘커타에서 혼자 집으로 가야 해."

"우와! 감사합니다! 알겠어요. 말 잘 듣고 잘 따라다닐게요."

"그런데 너 혹시 교회 다녀?"

"아니요. 안 다녀요. 저는 무신론자예요."

"그렇군. 그럼 한 가지 더."

"네?"

"지난번에 들었다시피 나는 기독교인이고, 기회가 있을 때 네게 복음에 관해 이야기하려고 해. 받아들이든 아니든 그건 네 자유지만 어쨌든 복음을 한 번 들어본다는 조건, 어때?"

"네, 뭐…. 그런데 얘기가 길진 않죠?"

현우가 약간 머뭇거리다가 물었다.

"그리 길진 않아."

"그럼 괜찮아요!"

우리는 식사를 마친 후 학교 안의 인터넷 카페에 앉아 항공권을 검색했다. 마침 25만 원짜리 특가 자리가 두 개 남아 있었다. 현우는 당장 결제를 했다.

"일정은 캘커타에서 바라나시, 아그라, 뉴델리를 갔다가 인도 국내선을 타고 다시 캘커타로 돌아와서 한국으로 가는 거야. 괜찮지?"

"네. 저는 인도를 잘 몰라요. 형이 계획하신 대로 따라갈게요."

"사실 나도 잘 아는 건 아니야. 아무래도 처음 가는 곳이니까.

일단 유명한 곳 위주로 일정을 짰는데, 다른 괜찮은 데가 있으면 계획을 수정할 수도 있어."

현우는 자기도 인도에 관해 알아보겠다고 했다. 5월 초가 되자 벚꽃은 흔적도 없었다. 화려한 옷을 벗고 새 옷으로 갈아입은 나무들이 산뜻한 바람에 가볍게 흔들려 초록빛 파도가 일었다. 중간고사 기간이 지나자 무엇엔가 굶주렸던 젊음의 홍수는 도서관에서 흘러나와 캠퍼스 곳곳으로, 신촌으로 홍대로 강남으로 밀려들었다. 동아리방이 있는 학생회관에도 활기가 넘쳤다. 청춘의 불꽃놀이는 동아리 축제의 밤에 절정을 이루었다. 축제는 대성황이었다. 그러나 흥청망청하던 캠퍼스는 곧 새벽의 정적에 잠겼다. 허무의 냄새가 공중을 떠돌다 건물 사이사이로 스며들었다.

※

나는 굵직한 일들을 잘 마무리 짓고 오랜만에 홀기분헌 기분이 되었다. 현우가 여행 계획에 대해 별다른 의견을 내지 않았기 때문에 나는 일정을 다음과 같이 확정했다.

6월 30일 저녁, 콜카타에 도착한다. 곧장 공항에서 기차역으로 이동하여 바라나시로 가는 야간열차를 탄다. 바라나시에서 7월 1일부터 사흘간 머문 후 7월 4일 새벽, 기차를 타고 타지마할의 도시 아그라로 간다. 아그라에서 이틀을 보내고 7월 6일 오후, 기차로 뉴델리에 도착한다. 뉴델리에서 나흘 동안 머물다가 7월 10일 오후, 비행기를 타고 콜카타로 돌아간다. 현우는 7월 11일 아침에 인천행 비행기를 타고, 나는 그날 저녁 선교회에 합류한다.

나와 현우는 뉴델리-콜카타 구간의 국내선 항공권을 3만 원에 구매했다. 일정 변경이나 환불이 불가능한 저가 티켓이었다. 이어서 콜카타-바라나시 구간의 에어컨이 있는 야간열차 침대칸을 예약했다. 얼마 후에는 관광비자도 발급받았다. 인도 대사관을 방문할 때에도 현우는 바닥을 쓸고 다니는 바지를 입고 있었다. 대사관에서 나오는 길에 내가 물었다.

"혹시 그런 차림으로 인도에 가려는 건 아니겠지?"

"이렇게 입고 가려고 했는데요. 왜 그러세요?"

"인도의 거리에는 소나 개 같은 게 많이 돌아다니는데, 아무 데나 똥을 싸거든. 바지에 그런 걸 묻힌 채로 방안을 휘젓고 다닌다고 생각해 보자."

"안 되겠네요. 여행 갈 땐 안 입을게요."

현우는 어쩔 수 없다는 표정으로 말했다.

※

기말고사가 끝나고 방학에 돌입했다. 나는 여행 기간으로 빠지게 될 과외를 일정 부분 미리 몰아서 하느라 바빴다. 그래도 여행 준비물을 꼼꼼히 챙겼고 현우의 것도 세심하게 점검해 주었다. 출발하기 전날 늦은 밤, 나는 캘커타의 아이들과 현우를 생각하며 기도를 했다. 기도를 다 마치고 막 잠자리에 들려는 찰나에 전화벨이 울렸다. 현우였다. 급한 목소리였다.

"밤늦게 전화 드려 죄송해요. 주무시는데 깨운 건 아니죠?"

"괜찮아. 방금 기도를 끝내고 자려던 참인데, 무슨 일이야?"

"혹시「세 얼간이Three Idiots」라는 영화 보신 적 있으세요?"

그것은 인도 영화였다. 자신의 진정한 꿈을 찾으려는 괴짜 같은 세 친구의 이야기다. 재미와 감동이 어우러진 명작이라 제목을 들었을 때 전체적인 내용을 대략 떠올릴 수 있었다.

"봤지. 그런데 왜?"

"아, 보셨구나. 저도 기숙사 룸메이트한테 DVD를 빌려서 조금 전에 봤는데요. 맨 마지막 장면에서 배경이 되는 곳에 가 보고 싶더라고요. 내일 출발하는 마당에 갑작스럽기는 한데 혹시나 해서 늦었지만 연락드린 거예요."

마지막 장면이라, 기억이 가물거렸다.

"글쎄, 어떤 곳인지 잘 기억이 안 나는데, 한번 봐야겠는걸. 우리 집으로 잠깐 올 수 있어?"

"네, 지금 바로 갈게요!"

잠시 후 현우가 내 자취방으로 들어왔다. 곰 한 마리가 뛰어드는 것 같았다. 그의 이마에 땀이 송골송골 맺혀 있었다. 우리는 노트북에 DVD를 넣고 마지막 부분을 재생했다. 주인공인 란초가 친구들과 재회하는 장면이었다. 흐릿했던 기억이 선명해졌다. 그리고 그 기억보다 더 선명한 파란 호수가 펼쳐졌다. 한없이 청초하면서도 고혹적인 어느 서양 소녀의 눈동자를 닮은 호수, 판공초 Pangong Tso였다.

"지금 일정을 바꾸는 건 아무래도 어렵겠죠?"

그렇게 물어보긴 했으나, 현우의 눈은 강한 열망을 뿜어내고 있었다. 나는 잠시 넋을 잃고 화면을 바라보다가 정신을 차렸다.

"한번 생각해 보자."

우리는 급히 인터넷에 접속하여 검색하기 시작했다. 그 호수에 가려면 우선 인도 북부 라다크Ladakh 지방의 도시인 레Leh로 가야 했다. 뉴델리에서 레까지 비행기로는 한 시간 정도였다. 문제는 가격이었다. 여름 성수기라 그런지 국내선인데도 왕복 항공권이 70만 원에 달했다. 반면에 육로는 왕복 10만 원이 채 들지 않는 것 같았다. 뉴델리에서 레까지 직통 편은 없었다. 중간에 반드시 히마찰프라데시Himachal Pradesh 지방의 마날리Manali를 들러야 했다. 인터넷 정보를 종합해 보니 뉴델리-마날리 구간은 야간 버스로 약 열다섯 시간, 마날리-레 구간도 역시 야간 버스로 약 열여덟 시간이 예상됐다. 나는 이리저리 생각을 굴렸다.

'비행기는 너무 비싸서 고려할 필요가 없다. 그렇다면 선택지는 하나밖에 없는데…. 육로로 가면 열흘 동안 야간 이동만 다섯 번이다. 게다가 레는 해발고도가 3,000미터를 넘는 고산 지역이다. 우리가 젊고 건강하긴 하지만 과연 견뎌낼 수 있을까? 그리고 거긴 인도다. 설사병에 걸리는 경우도 흔하다. 의료 시설이 열악하여 응급 상황이 발생하면 적절한 도움을 기대하기 어려울지도 모른다. 또한, 다른 도시들의 일정도 대폭 줄어들게 된다….'

"우리 예산으로는 비행기 타는 건 불가능하고, 그럼 육로밖에 없어. 그건 불가능하지는 않아도 너무 무리인 것 같아. 야간 이동도 많고. 첫 해외여행인데 강행군을 하다가 병원에 실려 가면 안 되잖아?"

"아…, 어쩔 수 없죠. 그럼 원래 일정대로 가기로 해요."

아쉬움이 가득한 표정으로 현우는 돌아갔다. 아쉽기는 나도 마찬가지였다. 예산이 넉넉했다면…, 또는 여행 기간이 조금 더 길었다면…. 현우가 돌아간 뒤 한참 동안 호수가 가진 어떤 신비로운 힘에 강하게 끌리는 마음을 억누르다가 겨우 잠이 들었다.

⋙

6월 30일, 날이 밝았다. 아침 기도를 마친 후 다시 짐을 점검했다. 빠뜨린 것은 없었다. 나와 현우는 학교 인근 공항버스 정류장 앞에서 만났다. 현우는 단정한 옷차림이었다. 훨씬 보기 좋았다. 우리는 배낭을 짐칸에 싣고 리무진에 올라탔다.

공항은 출국하려는 사람들로 북적였다. 순조롭게 출국 심사를 마치고 면세점을 지났다. 사고 싶은 물건들이 보였으나 살 돈은 없었다. 구경이나 하려고 돌아다니는데 명품을 쇼핑하는 여자들의 무리가 보였다. 현우는 즐거운 듯했다. 그는 이어폰으로 음악을 들으며 작은 소리로 랩을 흥얼거리고 있었다. 탑승 게이트가 열렸고 우리는 비행기에 올라탔다. 오랜만의 비행이라 가슴이 조금 두근거렸다. 현우도 약간 긴장한 표정이었다. 비행기는 금방 이륙했고 맑고 푸른 하늘을 힘차게 가로질렀다.

"뉴델리-레 왕복이 70만 원이라니, 정말 너무한 것 같아요. 이 비행기가 25만 원밖에 안 하는데 말이에요."

장난감처럼 작아진 세상을 창밖으로 내다보며 현우가 말했다.

"수요는 많아도 공급이 적기 때문이지."

나는 간단히 대답했다.

"경제학도 같으시네요."

현우는 미련이 남은 듯한 미소를 지었다.

나는 휴대용 성경을 꺼내 읽었다. 시편과 잠언만 따로 분리된 작은 책이었다. 시편 23편을 읽고 있는데, 잘 알고 있다고 여겼던, 심지어 외우고 있는 구절이 문득 낯설게 느껴졌다.

내가 사망의 음침한 골짜기로 다닐지라도 해를 두려워하지 않을 것은 주께서 나와 함께 하심이라 주의 지팡이와 막대기가 나를 안위하시나이다
시23:4

나 자신에게 질문해 보았다. 지금까지 살면서 과연 사망의 음침한 골짜기 같은 시간이 내게 있었는가? 많은 사람이 파산하거나 심각한 질병에 걸리거나 갑자기 사랑하는 사람을 잃거나 하여 인생의 밑바닥에서 절망하다가 예수를 구원자로 받아들인다. 그런 절망이 없었다면 하나님을 만나지 못했을 거라는 간증을 종종 들어 보았다. 그러나 나에게는 그런 것이 없었다. 기억의 강을 거슬러 올라가 보았다. 인생의 시작점 근처의 어린 나를 만날 수 있었다. 그 아이는 이미 신자였다. 언제 어떻게 예수를 받아들였는지 도무지 떠오르지 않았다. 나의 아버지는 스무 살 무렵부터 교회를 다녔다고 한다. 제사를 제일 중요하게 여기던 나의 할아버지가 심하게 핍박했으나 외아들의 믿음을 이길 수는 없었다. 나의 부모님은 교회에서 만나 결혼을 했는데, 우리 집안의 제사를 지내는 우상의 문화가 무너지도록 함께 기도했다고 한다. 내가 다섯 살이었을 때, 아버지는 작심하고 할아버지에게 제사를 지내지 말자고 했다.

"조상들이 없었으면 지금 네가 있을 수 있겠냐?"

할아버지는 불같이 화를 냈다. 아버지는 침착하게, 공손한 말투로 대답했다.

"아버지, 저도 조상들에게 감사하는 건 마찬가지예요. 하지만 제사는 우상 숭배예요. 제사를 지낼 때 조상의 혼이 오는 게 아니라 귀신이 오는 겁니다. 그래서 성경은 제사를 금하고 있는 거예요. 아버지, 한번 생각해 보세요. 5대조 제사까지 극진하게 챙기는 용구네나 덕수네는 왜 그렇게 단명한 사람이 많은 거죠?"

"…팔자지 뭐."

할아버지는 잠시 말문이 막혔다가 겨우 들릴 만한 소리로 말했다.

"팔자를 고치지도 못하는 제사라면 안 하는 게 낫지 않을까요?"

할아버지의 얼굴이 붉으락푸르락 달아올랐다. 그때 내가 말했다.

"하나님 없었으면 할아버지도 없어. 하나님께 예배해야지 제사를 하면 어떻게 해. 할아버지가 계속 고집부리면 나 이제 할아버지네 안 올 거야."

나는 눈에 넣어도 아프지 않은, 할아버지의 유일한 손자였다. 그때부터 우리 집안은 제사를 지내지 않았다. 무슨 생각으로 그렇게 말했는지는 모르나 아무튼 나는 큰 어려움 한번 겪지 않았는데도 그 어린 시절부터 이미 하나님의 자녀였다. 기억의 강을 따라 내려가 보았다. 넉넉하지는 않지만 단란한 가정에서 자라난 나는 초중고 시절에도 기억에 남을 만한 시련은 겪은 적이 없었다. 대학에도 무난하게 합격했다. 군대도 군종병으로 편하게 다녀왔다. 이런 나에게 만약 사망의 음침한 골짜기 같은 시련이 어느 날 갑자기 들이닥친다면, 과연 해를 두려워하지 않을 수 있을까. 아침과 밤에 기도하면서 느끼는 평온함을 그때도 유지할 수 있을까.

그런 생각을 하다가 옆을 보니 현우는 쿨쿨 자고 있었다. 총 여섯 시간의 비행 끝에 쿠알라룸푸르에 내린 우리는 잠시 대기하다가 비행기를 갈아탔다. 네 시간을 더 날자 드디어 인도 상공에 진입했다. 곧이어 콜카타가 모습을 드러냈다. 창밖에는 어둠이 내려앉았고, 도시의 거대함을 짐작하게 만드는 광범위한 인공의 빛이 유혹하듯 화려하게 반짝이고 있었다. 우리는 예정된 시각에 도착하여 입국 심사를 통과하고 짐을 찾았다.

공항을 빠져나오니 그야말로 혼돈 그 자체였다. 수많은 차와 사람들이 한데 뒤섞인 무질서한 공항 앞 도로에서는 경적이 쉴 새

없이 요란하게 울어 댔다. 습하고 더운 공기와 함께 떠다니는 매캐하고 찐득한 매연이 얼굴과 팔에 달라붙었다. 버스 정류장으로 가는 길에서는 흥정인지 실랑이인지를 벌이며 목소리를 높이는 이들과 호객하는 택시 기사들의 모습을 볼 수 있었다. 그중 몇몇이 우리를 발견하자마자 득달같이 달려들었다.

"Taxi?"(택시?)

내가 고개를 저었으나 그들은 아랑곳하지 않았다. 짙은 콧수염을 기른 한 사람이

"Okay? Okay! My friend!"(오케이? 오케이! 친구!)

라고 하며 찰싹 달라붙었다. 내가 영어로 확실하게 거부 의사를 나타냈으나 알아듣지 못한 건지 알아듣지 못한 척한 건지 내 팔을 잡고 놓아주지 않았다. 당황하여 나도 모르게 한국말이 튀어나왔다.

"택시 안 탄다고요!"

손을 뿌리쳤으나 콧수염은 물러서지 않았다.

"Hey, my friend!"(이봐, 친구!)

그가 끈질기게 쫓아오며 외쳤다. 그때 현우가 갑자기 돌아서더니 그의 한쪽 어깨를 꽉 잡았다. 그리고 정색한 얼굴로 그를 내려다보며 우리말로 말했다.

"이 새끼가 귓구멍이 막혔나? 안 탄다고 했잖아, 한국말 못 알아먹어? 그리고 우리가 언제 봤다고 친구야? 지랄하고 자빠졌네. 당장 꺼져!"

그날 밤

그가 한국말을 알아들을 리는 없어 보였다. 현우는 마지막에 눈을 부릅뜨고

"Are we clear?"(알겠나?)

라며 영어 한마디를 덧붙였다. 거대한 몸집과 험상궂은 얼굴, 잘못 덤볐다가는 봉변을 당할 수 있다는 느낌을 주었을 법한 거친 외국어에 압도당한 듯 콧수염은 겁에 질린 표정으로 뒷걸음질 쳤다. 다른 택시 기사들도 슬금슬금 눈치를 보더니 이내 도망가 버렸다. 나도 조금 놀랐다. 현우에게 이런 면이 있었다니.

"같이 오길 잘했군그래."

나는 현우의 등을 가볍게 툭 치며 말했다. 우리는 버스를 타고 기차역으로 향했다. 열차 출발 시각까지는 두 시간의 여유가 있었다. 인터넷 정보에 따르면 공항에서 역까지 한 시간 정도 소요된다. 버스는 혼잡한 공항 구역을 벗어나 한적한 도로를 빠르게 달렸다. 그러다가 이내 복잡한 시내로 들어섰다. 가로등이 밝게 빛나는 도로 양쪽에는 식민지풍의 큰 건물들이 나란히 이어져 있었다. 건물 사이사이로 어두컴컴한 골목들이 보였다. 사람들이 무표정한 얼굴로 들락날락하고 있었다.

저 안 어딘가에 그 빈민촌이 있다. 복음을 기다리는 목마른 영혼들이 있다. 나는 눈을 감고 잠시 기도했다. 그런데 얼마 가지 못해 도로가 막히기 시작했다. 버스는 거의 앞으로 나아가지 못했다. 여기저기서 경적이 시끄럽게 울렸다. 정체를 틈타 무단 횡단을 하는 사람들과 짐수레들로 도로의 혼잡은 극에 달했다. 경찰들

이 나와 통제를 하고 있었지만 역부족이었다. 출발한 지 한 시간이 훌쩍 넘었는데도 기차역은 보이지 않았다. 나는 버스 기사에게 론리플래닛의 지도를 보여주며 우리가 어디쯤인지 물었다. 그가 손가락으로 짚은 곳은 기차역에서 약 1킬로미터 떨어진 지점이었다. 시계를 보았다. 30분 정도 남았다. 나는 순간적으로 판단을 내렸다.

'뛰자.'

버스 기사는 문을 열어주면서 말했다.

"Cross the bridge."(다리를 건너요.)

내리자마자 앞에 보이는 다리를 향해 달렸다. 많은 사람이 걸어서 건너가고 있었다. 우리는 앞에 가는 사람들을 하나씩 추월했다. 다리가 너무나 길게 느껴졌다. 숨을 헐떡이며 겨우 기차역으로 들어갔다. 하지만 그게 끝이 아니었다. 노숙하는 사람들, 구걸하는 사람들, 자리를 펴고 음식을 먹는 사람들, 물건을 사고파는 사람들, 가축을 데리고 온 사람들, 커다란 짐을 머리에 인 사람들, 우는 아이를 달래는 사람들. 온갖 사람들이 큰 역을 가득 메우고 있었다. 우리는 그들 사이를 어렵사리 비집고 들어가 전광판으로 플랫폼 번호를 확인했다. 다행히 출발 5분 전에 기차를 탈 수 있었다.

"형, 우리가 인도에 오긴 왔나 봐요. 이 정도일 줄은 정말 몰랐어요."

"그러게 말이야, 상상 초월이군."

현우는 배낭에서 수건을 꺼내 땀을 닦았고, 나는 길게 호흡을 했다. 열차는 곧 출발했다. 기차가 덜컹거렸지만, 침대는 편안하게 느껴졌다. 나는 기도를 하다 그만 잠이 들었다.

※

7월 1일, 커튼 너머로 어슴푸레 동이 트고 있었다. 커튼을 살짝 걷으니 새벽빛이 즉시 손을 뻗어 내 얼굴을 부드럽게 어루만졌다. 출발할 때 비어 있던 침대에는 누군가 들어와 자고 있었다. 나는 아침 기도를 마치고 간단히 세수를 한 후 옷을 갈아입었다. 얼마 후 기차는 목적지에 도착했다.

힌두교도들이 신성시하는 갠지스강 유역의 바라나시. 이곳에서 우리가 처음 마주친 광경은 실로 끔찍한 것이었다. 기차에서 내리자마자 어디선가 처음 맡아보는 악취가 났다. 냄새의 원인은 역의 출구 근처 한쪽 구석에 있는 검은 물체였는데, 가까워질수록 구역질이 날 것 같았다. 붕붕거리는 소리도 들렸다. 그것은 사람의 시체였다. 수천수만 마리의 파리가 달라붙어 형체를 제대로 분간할 수 없는 시체. 사람들은 찌푸린 얼굴로 코를 막고 지나갔다. 우리도 줄행랑치듯 역을 빠져나왔다.

"형, 아까 그거 시체 맞죠? 와, 인도는 미친 곳 같아요. 진짜 쇼킹한데요?"

현우가 충격을 받은 얼굴로 말했다. 다시는 보고 싶지 않은 참혹한 모습이었다. 우리는 자전거 릭샤를 탔다. 오전이었지만 바라나시의 여름은 숨이 막힐 정도로 덥고 습했다. 릭샤는 골목 앞에 섰다. 미리 알아둔 게스트하우스로 가려면 거기서부터 시작되는 미로 같은 좁은 골목을 걸어서 지나가야 했는데, 차라리 하수구라 불러야 할 것 같았다. 골목에는 이따금 쥐들이 구멍에서 나와 돌아다녔다. 짐승 배설물도 잔뜩 깔려 있었다. 어찌나 많은지 피할 도리가 없었다. 똥을 몇 번이나 밟았고 하마터면 미끄러질 뻔했다. 숙소에 도착하여 먼저 신발을 물로 닦고 짐을 풀었다. 우리가 빌린 방에는 작은 에어컨이 달려 있었다. 하지만 툭하면 전기가 나가는 바람에 방 안까지 쫓아온 무더위를 피하는 데 큰 도움은 되지 않았다.

우리는 밖으로 나갔다. 지도와 거리의 이정표를 보고 제일 유명한 화장터를 찾아갔다. 가이드북은 이곳을 '힌두교도들이 윤회설을 따라 새로운 시작을 한다고 믿는 곳'이라고 설명했다. 화장터 입구 쪽에 웬 남자기 히니 서 있었다. 그는 지나가려는 우리를 막아섰다. 그리고 돈을 요구했다.

"20 dollars, please."(20달러예요.)

가이드북이나 인터넷 어디에도 입장료를 받는다는 말은 없었다. 그런데 20달러(약 22,000원, 1달러는 약 1,100원)라니. 그가 요구한 금액은 심지어 타지마할 입장료보다도 더 비쌌다.

"I've never heard of an entrance fee before."(입장료에 대해 들어본 적 없어요.)

"It's new, but it's official. If you want to pass to ghat you have to pay 20 each."(새로 생겼어요. 공식적인 거예요. 가트로 가고 싶으면 한 명당 20씩 내야 해요.)

"Okay. It's for 2 people."(좋아요. 두 명분이에요.)

나는 지갑에서 20루피(약 400원, 1루피는 약 20원) 지폐 두 개를 꺼내 건넸다. 그는 내가 돈을 꺼내는 것을 보고 흡족한 표정을 지었다가 이내 얼굴이 일그러졌다.

"Are you fucking with me?"(지금 나하고 장난해요?)

거의 주먹을 들 기세였다. 나는 두 손을 펴 보이며 말했다.

"Easy, man. Can I see a certificate or ID?"(진정해요, 신분증이나 허가증 있어요?)

"I don't have them with me now."(지금 갖고 있지 않아요.)

"Then how can I believe you are really an officer?"(그럼 당신이 관리자인지 내가 어떻게 알아요?)

"If you don't pay the entrance fee, you can't pass to ghat."(입장료를 안 주면 가트로 갈 수 없어요.)

그는 막무가내였다. 나는 현우에게 손짓하고 그냥 지나가려고 했다. 그러나 그 남자의 커다란 손에 막혔다. 그때 사리(Sari: 인도 여성의 전통 의상) 차림에 노란 스카프를 머리에 두르고 선글라스를 쓴 호리호리한 여자 하나가 다가왔다. 그녀는 길을 막고 있던 남자에게 우리가 알아들을 수 없는 말로 이야기했다. 언성이 조금 높아졌다. 잠시 후 남자는 재수 없다는 표정을 짓고는 다른 데로 가버렸다.

"사기꾼이에요, 저놈. 가끔 여기 나와서 여행자들 돈을 뜯어내죠. 경찰을 부르겠다고 했더니 도망가네요."

그녀는 선글라스를 벗으며 한국어로 말했다. 30대 후반에서 40대 초반쯤 되어 보였다. 약간 가무스름한 피부톤에 하얀 선크림이 살짝 티가 났다. 치렁치렁한 귀고리와 가느다란 팔에 있는 만다라Mandala 문양의 헤나Henna가 눈에 띄었다.

"바라나시가 처음인가 보죠? 따라오세요. 구경시켜 드릴 테니까."

우리는 그녀를 따라갔다. 그녀는 익숙하게 발걸음을 옮겼다. 가트(Ghat: 갠지스강을 따라 만들어진 계단)에는 곳곳에 장작이 벌여 있고 연기가 오르고 있었다. 엄숙한 분위기가 고조되었다. 내가 카메라를 꺼내자 그녀가 제지했다.

"사진을 찍어선 안 돼요. 이 사람들은 시체를 화장할 때 사진을 찍으면 영혼에 안 좋은 일이 생긴다고 믿거든요."

나는 얼른 카메라를 집어넣었다. 우리는 강을 따라 걸었다. 중얼대며 기도하는 사람, 목욕하는 사람, 물을 떠서 마시는 사람, 소를 데려다가 씻기는 사람들이 보였다. 강에는 무언가가 떠내려가고 있었는데, 자세히 보니 천으로 감싼 시신이었다. 위에는 꽃잎이 뿌려져 있었다.

"운이 좋으시네요. 7월은 우기라 사람들이 잘 안 와요. 다행히 올해는 비가 적어서 가트가 잠기지 않았어요."

화장터에서 15분쯤 걸어간 곳에서 그녀가 멈춰 섰다.

그날 밤

"여기가 메인 가트예요. 더 내려가 봤자 비슷해요. 더 둘러보고 싶어요?"

현우는 땀을 뻘뻘 흘리고 있었다. 나는 고개를 저었다.

"이 정도면 충분할 것 같아요. 안내해 주셔서 감사합니다. 아까 도와주신 것도요. 괜찮으시면 점심이라도 대접하고 싶은데, 어떠세요?"

"좋아요. 더우니까 시원한 라씨(Lassi: 인도식 발효 음료)가 마시고 싶네요. 여기서 가까운 곳에 잘 아는 카페가 있어요. 간단한 식사도 파니까 거기로 가요."

그녀는 앞장서서 걷다가 뒤를 돌아보았다.

"아참, 내 소개를 안 했네요. 나는 '나디'라고 해요. 힌디어로 강이라는 뜻이죠. 두 사람은 대학생?"

우리는 그렇다고 대답했다.

"한창 좋을 때네. 내가 나이를 아주 쬐끔 더 먹었으니깐, 누나라고 불러, 호호호."

그녀는 갑자기 반말을 하며 유쾌하게 웃었다. 아무래도 '나디 이모'가 더 적절한 것 같았지만 그냥 '나디 누나'로 부르기로 했다. 카페는 메인 가트 근처 갠지스강이 내려다보이는 건물에 있었다. 나디 누나는 석류가 든 라씨를 시켰다. 우리는 그녀의 추천으로 도사(Dosa: 인도식 팬케이크)와 과일이 든 라씨를 주문했다.

"인도에는 언제 온 거야?"

나디 누나가 물었다.

"어제요. 콜카타로 들어왔어요."

"이제 시작이네? 얼마 안 되긴 했지만, 어때? 인도에 온 소감이."

"충격적이에요. 오늘 아침에 바라나시 역에 도착해서 시체를 봤거든요."

내가 대답했다.

"노숙하다가 죽은 모양이네. 뭐, 인도에서는 흔한 일이지. 어쨌든 처음인데 신고식 제대로 치렀네? 마음 단단히 먹어. 인도에선 뭘 상상하든 그 이상을 보게 되니까."

나디 누나는 약간 겁주는 듯한 표정을 지었다.

"나도 처음 왔을 때는…. 어머, 그게 벌써 10년도 더 됐네? 처음엔 나도 충격 많이 받았어. 더럽고 냄새나는 건 기본이고, 사기도 당하고, 여자 혼자 다니니까 성희롱 같은 것도 몇 번 당하고. 너희는 남자니까 좀 낫겠네. 게다가 이기 커다란 동생이랑 같이 다니면…."

그녀는 현우를 한번 쳐다보고는 말을 계속했다.

"첫 여행 중에 남인도에서 열린 어떤 축제에 갔었는데, 인파가 한꺼번에 몰려서 사람들이 압사당하는 걸 봤어. 또 불이 나서 가난한 동네 전체가 타버리는 것도 봤지. 우리나라에서는 100년에 한 번 있을까 말까 한 일들인데 여기서는 자주 일어나."

"아니, 그런 일들을 겪으셨는데 왜 또 오셨어요?"

현우가 물었다.

"글쎄…, 사실 내가 인도에서 보낸 시간을 다 합치면 5년도 넘을 거야. 고생도 정말 많이 하고 울기도 정말 많이 울었지. 다시는 오지 않겠다고, 수십 번 수백 번 다짐하기도 했어. 그런데 떠나 있으면 뭔가에 홀린 것처럼 다시 오게 되는 거야. 그냥 왠지 인도에 가야 할 것 같은 느낌이 드는 거지. 끔찍하게 싫어하는데 또 끔찍하게 사랑하는 모순에 빠져서 나도 모르게 그만 비행기를 예약하는 거야. 이상하지?"

인도를 끔찍하게 사랑한다는 말은 선뜻 이해가 되지 않았다. 하루도 안 되는 짧은 시간 동안 안 좋은 일만 있어서 그랬나?

"그래서 이번이 아마 열두 번째쯤? 힌디어를 배워서 여행 가이드를 한 적도 있었고, 2년쯤 카페를 한 적도 있지."

"인도 말고 다른 데도 많이 다니셨을 것 같아요."

내가 말했다.

"그렇지. 서른 살에 회사 그만두고 거의 여행만 다녔으니까. 아프리카도 가 봤고, 남미도 가 봤어."

나디 누나는 퇴사 후 처음 2년 동안 세계 일주를 다녀왔다고 했다. 좋았던 곳에는 몇 달을 눌러앉은 적도 있다고 했다. 가 보았던 나라는 다 합해서 100개를 훌쩍 넘는 것 같았다. 내가 다녀 본 곳 중에 그녀가 가지 않은 곳은 하나도 없었다. 그녀는 여행담 들려주기를 굉장히 좋아하는 듯했다. 그녀의 이야기는 그 자체로도 흥미로웠지만 적절한 목소리 톤과 손짓, 표정의 생생함이 어우러져 듣는 사람을 빠져들도록 만들었다.

"자유로운 영혼이시네요. 여행을 많이 다니셔서 좋겠어요. 저는 이번이 처음인데, 부러워요."

긴 이야기를 넋을 잃고 듣고 있던 현우가 말했다.

"나는 오히려 네가 더 부러운데?"

"왜요?"

"나도 여행을 처음 갔을 때는 오랫동안 여행하는 사람들이 부럽다고 느꼈지. 한없이 자유로워 보였거든. 하지만 내가 장기 여행자가 돼서 10년 넘게 다녀 보니까 좀 달라졌어. 전에는 새로운 나라를 갈 때면 어떤 풍경, 어떤 일, 어떤 사람들이 나를 기다리고 있을까, 하면서 설레곤 했었는데, 그때는 그런 낭만이 있었는데, 다녀오지 않은 데가 거의 없는 지금은, 음…, 이따금 어떤 슬픔 같은 게 파도처럼 밀려와. 나는 도대체 왜 여행을 하는 걸까, 이제 어디로 가야 하는 걸까, 하는 생각들과 함께 말이야."

나는 그녀의 눈가에 이슬이 잠깐 맺혔다가 사라지는 것을 보았다. 파스칼Pascal은 말했다. 인간은 누구나 마음속에 커다란 구멍이 있다고. 세상 그 무엇으로도 채울 수 없고, 채울수록 더 커지는 구멍. 그녀는 여행으로 그것을 채우려 했나 보다.

"다시 돌아갈 수 있다면 좋겠다는 생각도 해. 우리나라 밖이 온통 미지의 세계였던, 여행에 대한 설렘과 낭만이 있었던 그때로 말이야. 그래서 이제 여행을 처음 나오는 사람들을 보면 부럽기도 해."

우리는 잠시 말이 없었다.

"어머, 너무 내 얘기만 했나 봐. 어린 사람들을 만나면 말이 많아진다니깐, 호호. 바라나시 다음은 어디로 가? 아그라? 뉴델리?"

"저희는 아그라로 가서 타지마할 보고 뉴델리를 갔다가 콜카타로 돌아갈 거예요."

"시간이 많지는 않은가 보네?"

"맞아요. 저희에게는 열흘밖에 없어요. 그런데요, 누나. 인도에서만 5년 넘게 계셨다고 했는데 제일 좋았던 곳은 어디예요?"

내가 물었다.

"음, 생각해 보면 좋았던 곳도 참 많았어. 그런데 꼭 한 군데를 꼽으라면…, 단연 판공초 호수야. 라다크에 있는데, 세상에 진짜 그보다 더 멋진 곳은 없을 거야. 다른 사람들은 몰라도 난 그렇게 생각해. 얼마나 좋았으면 내가 레에서 카페를 다 했겠니. 그 호수, 자주 가서 보려고 말이지."

그녀는 창밖의 갠지스강을 바라보았다. 그 호수에 대한 추억을 떠올리고 있던 것이었을까. 식사를 마치고 우리는 헤어졌다. 나디 누나는 필요하면 언제든지 도움을 주겠다며 이메일과 현지 연락처를 알려 주었다. 그리고 걱정해 주는 말투로

"장염 같은 거 걸렸을 때는 우리나라 약보다 현지 약이 더 잘 들어."

라고 덧붙였다.

그녀는 가볍게 손을 흔들고는 바라나시의 골목으로 쓸쓸히 사라졌다. 그리고 몇 시간 뒤, 우리는 야간열차를 타고 바라나시를

떠났다.

"괜찮겠어? 이제 당분간 계속 야간 이동을 해야 하는데."

"어쩔 수 없죠. 비행기를 탈 수는 없잖아요. 어쨌든 전 좋아요. 바라나시는 도저히 견딜 수 없었어요. 그렇게 덥고 더러운 곳은 난생처음이에요. 라다크는 고산 지대니까 시원하겠죠? 하여튼 판공초가 진짜 기대돼요. 포기했을 땐 너무 아쉬웠거든요."

"나도 아쉽긴 마찬가지였어. 이제 결정했으니까 한번 가 보자. 다음은 침대칸도 없어. 푹 자 둬."

현우는 눕자마자 코를 골았다. 나는 변경된 스케줄을 적은 종이를 꼼꼼히 점검했다. 일정이 꼬일 경우를 대비하여 아그라는 판공초에 갔다가 다시 뉴델리로 돌아온 이후에 가는 것으로 바꾸었다. 7월 2일, 뉴델리에 도착하여 오후에 출발하는 마날리행 야간 버스를 탄다. 7월 3일 밤, 마날리에서 야간 버스를 타고 레로 이동한다. 레에는 7월 4일 오후에 도착한다. 7월 5일, 판공조로 가서 하룻밤 잔다. 7월 6일, 판공초에서 레로 돌아와 마날리로 가는 야간 버스를 탄다. 7월 7일, 마날리에서 뉴델리행 야간 버스를 탄다. 7월 8일 아침, 뉴델리에 도착하면 하루 푹 쉬고 7월 9일, 아그라 당일치기 여행을 기차로 다녀온다. 7월 10일, 비행기를 타고 콜카타로 돌아간다.

기도를 마치고 창밖을 바라보았다. 도시를 벗어난 어두운 들판에 외로워 보이는 불빛이 드문드문 지나갔다. 기차는 어둠의 깊은 곳으로 천천히 들어갔다. 하늘에는 금가루를 흩어놓은 듯 별들이

총총히 반짝이며 아래를 내려다보고 있었다.

※

7월 2일, 아침이 되자 기차는 뉴델리 역으로 들어섰다. 우리는 파하르간즈Paharganj에 있는 여행사를 겸한 한국 식당을 찾아갔다. 역 앞에 있는 이 여행자 거리는 호객꾼 천지였다. 릭샤꾼 하나가 슬며시 다가와 행선지를 물었다. 우리는 바로 거절하고는 식당이 있는 좁은 골목으로 걸어갔다. 먼저 5시에 마날리로 떠나는 야간 버스를 예약한 후 짜이(Chai: 인도식 밀크티) 한 잔을 곁들여 아침을 먹었다.

버스 시간까지는 충분한 여유가 있어 식당에 짐을 맡긴 후 시내버스로 레드 포트를 다녀왔다. 타지마할로 유명한 무굴 제국의 샤 자한Shah Jahan 황제가 건축한 성으로 한 바퀴 둘러보는 데만 한 시간 이상 걸리는 큰 규모를 자랑했다. 높고 붉은 성벽이 인상적이었는데 심한 더위 때문에 자세히 둘러보지는 못했다.

우리는 식당으로 돌아와 짐을 챙겼다. 그리고 마날리행 버스의 출발 지점인 코넛플레이스Connaught Place로 갔다. 인도의 수도 뉴델리의 심장부인 이곳은 식민지 시대의 상징과도 같은 장소다, 라고 가이드북에 쓰여 있었다. 코넛플레이스는 1930년대 초 영국에 의해 계획적으로 건설되었다고 한다. 1층에 길게 늘어선 열주가 특징인 유럽식 건물들이 원형의 커다란 중앙 공원을 포위하듯 둘러싸고 있었다. 이곳은 각종 기업의 사무실과 고급 상점들, 호텔, 현대식 음식점과 카페가 즐비한 뉴델리 최고의 번화가로, 여기가 인도인가 싶은 생각이 들게 했다. 거리에는 말쑥하고 멋진 옷을 차려입은 사람들이 지나다니고 있었다. 우리는 쾌적한 곳에서 쉴 요량으로 전 세계에 체인점이 있는 유명한 커피 전문점을 찾아갔다.

가는 길에 수백 명쯤 되는 시위대가 보였다. 그들은 'No Caste'(카스트 제도 반대)라고 쓰인 피켓을 들고 있었다. 그들이 길가에 세워둔 여러 개의 커다란 판넬에는 모자이크 처리가 된 끔찍한 사진들이 붙어 있었다. 불가촉천민 계급의 10~12세 소녀 세 명이 상위 계급 남자 수십 명에게 집단 강간과 폭행을 당한 후 무참히 살해되어 피투성이의 시신으로 발견된 것을 촬영한 사진이었다. 나는 시위대가 나누어 준 종이를 읽어 보았다. 그들은 인도 헌법이 규정하고 있는 '카스트에 따른 차별 금지' 조항으로는 매년 수차례 발생하는 이와 같은 범죄를 결코 해결할 수 없다고 했다. 그들은 카스트 제도의 완전한 철폐를 강력히 촉구하고 있었다. 말하자면 똥 냄새를 없앨 것이 아니라 똥 자체를 없애야 한다는 것이었다. 시위대가 한목소리로 구호를 외치고 있는데도 시민들은 별 관심이 없어 보였다. 무심하게 지나가거나 시위대가 주는 종이를 거절하는 사람들이 대다수였다. 수천 년 동안 태어날 때부터 정해진 운명을 당연하게 받아들이는 수십억의 영혼이 거쳐 간 이 땅에서 시위대의 주장은 한 줌의 연기에 불과한 것인지도 몰랐다. 우리는 커피 전문점으로 들어갔다. 내부가 세련되고 깔끔했다. 커피 가격은 우리나라에 있는 체인점과 비슷하거나 더 비쌌다. 그런데도 매장 안에는 현지인들로 발 디딜 틈이 없었다. 우리는 제일 싼 아이스 아메리카노를 주문하고는 목성의 중력장 안에 들어온 것처럼 무거운 기분으로 앉아 있었다. 에어컨 바람을 맞아도 차가운 음료를 마셔도 어째 시원함이 느껴지지 않았다. 커피를 순식간에 다 마셔버린 현우는 멍한 표정으로 소파에 기대었다. 나는 그 소녀들을 생각했다. 또 그들을 지배하는 운명에 대해 생각했다. 그 악랄한 존재는 혹시 그 아이들이 그런 일을 당하지 않았다고 하더라도 이런 쾌적한 카페에서 마시는 시원한 음료 한 잔조차 허락하지 않았으리라.

"역시 신은 없나 봐요."

현우가 입을 열었다.

"신이 정말 있다면 죄 없는 아이들에게 그런 참혹한 일은 일어나지 않았겠죠."

아직 현우에게 복음을 이야기할 때가 아니구나, 라고 나는 생각했다.

"그런 생각이 드는 것도 무리는 아니야."

나는 자리에서 일어나며 말했다. 그리고 현우를 내려다보며 물었다.

"아메리카노 한 잔 더 어때? 내가 살 테니까."

현우는 고개를 끄덕였다. 출발 시각이 가까워져 우리는 밖으로 나갔다. 큼직한 볼보 버스가 코넛플레이스 한쪽 구석 공터에서 대기하고 있었다. 또 야간 이동이었다. 버스는 대도시권을 벗어나

고속도로를 달렸다. 해가 질 무렵부터 에어컨 바람이 몹시 차게 느껴졌다. 버스 기사에게 약하게 틀어 달라고 부탁했다. 바람 세기가 줄었어도 몸은 덜덜 떨렸다.

　버스가 휴게소에 들어서자 우리는 얼른 내려 배낭에서 옷가지를 몇 개 꺼냈다. 간단하게 요기를 하고 돌아오는데, 석양이 있는 힘을 다해 작별을 고하는 듯 시뻘겋게 하늘을 물들이고 있었다. 어디선가 까마귀 같은 검은 새 몇 마리가 날아와 우리를 향해 요란한 날갯짓을 했다. 이윽고 어디에 앉아 있었는지 동류 수백 마리가 일시에 날아올랐다. 새들은 기분 나쁘게 울어대며 빨간 하늘을 검게 뒤덮었다. 휴게소를 출발한 버스는 한동안 고속도로를 달리다가 산길로 접어들었다. 구불구불한 도로 때문에 차가 많이 흔들거려 잠을 제대로 이루기 어려웠다.

※

　7월 3일, 눈을 뜨니 새벽이었다. 중턱에 짙은 안개가 휘감고 있어 봉우리만 드러난 푸른 산들이 보였다. 기도를 마치니 안개가 걷혀 있었다. 계곡에는 급류가 바위에 부딪혀 하얀 포말이 일었고, 울창한 나무들이 쭉쭉 뻗어 있어 보는 것만으로도 시원함이 느껴졌다. 버스가 마날리에 도착했다. 내리자마자 먼저 숲이 갓 뿜어낸 신선한 공기가 온 피부에 닿았다. 나는 숨을 깊이 들이마셨다가 내뱉었다. 허파에 쌓인 노폐물이 말끔히 빠져나가는 느낌이었다. 얕은 잠으로 인한 피로가 상당했으나 기분은 상쾌했다.

우리는 여행사로 가서 밤 11시에 레로 떠나는 승합차를 예약했다. 그리고 호객꾼과 흥정하여 방 하나를 빌렸다. 잠시 쉬다가 주변도 둘러보고 식사도 할 겸 밖으로 나왔다. '인도의 알프스'라 불리는 이곳은 풍광이 무척 뛰어났다. 높은 지대에 위치하여 덥지 않고 쾌적했다. 초록빛 가득한 산봉우리들 사이로 멀리 설산이 눈에 들어왔다. 거리에는 등산복 차림의 현지인과 외국인이 많았다. 인도인과는 외모가 확연히 다른 티베트인들도 눈에 띄었다. 우리는 점심을 먹은 후 릭샤를 타고 인근에 있는 온천이 유명한 동네로 갔다. 사원 몇 개와 특이한 집들을 구경하고 나서 수증기가 솔솔 피어오르는 노천 온천에 발을 담그고 있는데 한국 사람 하나가 옆에 앉았다.

"안녕하세요?"

햇볕에 그을린 피부에 뿔테 안경을 쓰고 구레나룻에서 이어지는 턱수염을 멋지게 기른, 30대 초반 정도로 보이는 그 남자가 인사했다. 우리도 인사했다.

"뉴델리에서 오셨나요?"

"네, 오늘 아침에 도착했어요."

내가 대답했다.

"뉴델리, 아직 덥죠? 저는 일주일 전에 넘어왔는데 거긴 정말이지 찜통 같았어요. 그에 비해 여기는 천국이나 마찬가지죠. 그렇지 않아요?"

우리는 고개를 끄덕였다.

"나이가 어떻게 되세요?"

그가 물었다.

"저는 스무 살이고 이 형은 스물네 살이에요."

현우가 대답했다.

"대학생이시겠네요. 저도 대학생이에요. 저는 스물세 살입니다."

구레나룻과 턱수염 때문인지 실제보다 더 나이가 들어 보이는 그는 우리가 다니는 대학과 라이벌 관계에 있는 대학의 학생이었다. 그래서인지 같은 한국 사람으로서의 친밀감보다는 묘한 경쟁심 같은 것이 생겨났다. 그의 이름은 성제였다. 성제는 우리에게 인도 어디를 여행했는지 물었다. 그는 우리의 짧은 여정에 관해 듣고 약간 우습다는 표정을 짓고는 자기의 여행 이야기를 꺼냈다. 성제는 군대를 제대한 후 6개월째 동남아시아와 인도를 여행하고 있었다. 인도에는 두 달 전에 들어왔는데, 주로 남인도에 있다가 뭄바이Mumbai와 라자스탄Rajasthan 지방, 뉴델리를 거쳐 이곳까지 오게 되었다고 군대 무용담 늘어놓듯 침을 튀겨 가며 이야기했다.

"인도는 땅이 워낙 넓어서 지역마다 느낌이 확 달라요. 아, 많이 안 다녀 보셔서 잘 모르시겠구나. 그런데 여기 있다가 레로 넘어가실 거죠?"

"네, 오늘 밤 11시 차를 예약해 두었어요."

현우가 조금 퉁명스럽게 대답했다.

"이 좋은 마날리에서 겨우 하루만 있는 거예요? 정말 아쉽겠네요. 저도 오늘 11시에 떠나요. 같은 차는 아니겠죠?"

마날리는 레로 가는 관문이라 수많은 투어 차량이 있었다. 설마 같은 차일까, 하고 나는 생각했다.

"아무튼, 레에서 만날 수도 있겠네요. 우리 여기서 이럴 게 아니라 저녁이나 같이 먹어요. 진짜 괜찮은 티베트 식당이 있거든요."

그다지 내키지는 않았으나 식당을 찾으러 다니는 것도 귀찮은 일이라는 생각에 그러기로 했다. 우리는 메인 거리로 돌아와 성제를 따라 걸어갔다. 그는 의기양양한 태도로 우리를 인도했다. 그가 말한 식당은 시장 거리 한쪽에 있는 허름한 곳이었다. 그래도 한국인 여행자들에게 많이 알려졌는지 한국어 메뉴를 갖추고 있었다. 가격은 굉장히 저렴했다. 성제는 마른 체형에 어울리지 않게 많은 음식을 주문했다. 현우도 이에 뒤질세라 템뚝(티베트식 수제비국)과 모모(티베트식 만두), 돼지고기 튀김 등을 시켰다. 양이 꽤 많았지만 긴 여행에 대비해 든든하게 배를 채우자는 생각으로 우리는 남김없이 먹어 치웠다. 이가 시리도록 차가운 라씨까지 다 마신 후에 겨우 우리의 식사는 끝이 났다.

해가 저물고 있었다. 성제는

"여행 잘하세요. 혹시 레에서 만나면 인사해요."

라고 말한 뒤 숙소로 돌아갔다. 마날리의 저녁은 꽤 쌀쌀했다. 레는 더 높은 곳에 있으므로 반팔 차림으로는 견디기 어려울지도 모른다는 생각이 들었다. 우리는 시장에서 짝퉁 노스페이스 플리스 자켓을 구매한 후 숙소에 들어가 눈을 붙였다. 얼마 뒤 나는 배가 심하게 꾸르륵대는 바람에 잠을 깼다. 화장실로 돌진한 나는 물처럼 설사를 쏟아 냈다. 복통이 진정될 때까지 앉아 있으려는데 현우가 다급하게 화장실 문을 두드렸다.

"형, 저 급해요!"

나는 배를 움켜쥐고 나왔다. 현우가 얼른 들어갔다. 곧바로 쏴아, 하고 소나기가 쏟아지는 듯한 소리가 들렸다. 우리는 번갈아 화장실을 들락날락했다. 세 번쯤 그랬을 때 겨우 진정되는 듯했다. 우리는 한국에서 가져온 지사제를 복용했다. 그 사이 시간이 많이 흘렀다. 우리는 급히 배낭을 메고 승합차를 타러 갔다.

"어? 같은 차네요."

차에 오르자 성제가 앉아 있었다. 안색이 그다지 좋아 보이지 않았다. 나는 조금 짜증이 났다. 그러나 어쩌겠나, 음식을 너무 많이 먹은 게 잘못이지. 나는

"혹시 배탈 나지 않았어요?"

하고 물으며 성제에게 지사제를 건넸다. 그는 주눅이 든 표정으로 약을 받으며

"감사합니다, 그런데 이미 먹긴 했어요."

라고 말했다. 기사가 손전등을 켜 티켓을 확인하고 인원수를 점검했다. 자리가 다 차자 11시가 되기 전인데도 차는 출발했다. 처음에는 포장도로를 굽이굽이 달리다가 어느 지점부터는 비포장도로로 접어들었다. 차가 심하게 흔들려 자는 둥 마는 둥 했다.

그날 밤

7월 4일, 동이 틀 무렵 배 속이 마치 폭발하기 직전의 활화산처럼 부글부글 끓기 시작했다. 곧 용암이 흘러나올 듯 분화구가 움찔거렸다. 나는 있는 힘을 다해 괄약근을 조였다. 현우와 성제 쪽을 바라보니 둘 다 진땀을 흘리고 있었다. 다행히 얼마 안 되어 차가 간이 휴게소에 정차했다. 우리 셋은 화장실로 달려갔다. 바라나시의 뒷골목보다도 더러웠지만, 그런 걸 따질 때가 아니었다. 차를 같이 탄 서양인들이 딱하다는 듯 우리를 쳐다보았다.

자리에 돌아와 앉으니 맥이 탁 풀리고 피곤이 먹구름처럼 몰려들었다. 잠깐 졸다가 정신을 차려보니 아까까지 보이던 울창한 나무들이 사라지고 이끼 같은 식물로 뒤덮인 산들이 높이 솟아 있었다. 나는 현우에게 괜찮은지 물었다. 그는 괜찮다고 말했으나 얼굴이 몹시 창백했다. 나는 머리가 천근만근 무거운 데다가 지끈거리기까지 했다. 차는 또 한 번 휴게소에 들렀다. 일어나는 것조차 괴로워서 그냥 앉아 있었는데 한 서양인 여자가 생수를 건넸다. 고맙다고 하고 한 모금 마셨다. 차는 다시 출발했다. 고도가 점점 높아짐에 따라 주위의 풍경은 황량하게 변해 갔다. 식물도 거의 없는 험준한 바위산과 골짜기를 흐르는 납빛 강뿐이었다. 차는 바위를 깎아 만든 벼랑 위의 도로를 아슬아슬하게 달리고 있었다. 나의 몸 상태도 벼랑 끝에 서 있는 것 같았다. 버틸 수 있는 한계를 넘어선 극도의 피로감 속에서 20~30분 선잠을 자도 깨고 나면 잠들기 직전의 상태 그대로였다. 나는 외우고 있는 성경 구절을 계속 되뇌었다.

내 이름을 경외하는 너희에게는 공의로운 해가 떠올라서 치료하는
광선을 비추리니 너희가 나가서 외양간에서 나온 송아지 같이 뛰리라
말4:2

차는 한동안 광야 같은 고원 지대를 달렸다. 이따금 에메랄드 빛을 띤 작은 물웅덩이들을 지나갔다. 다른 여행자들은 아름답다며 카메라 셔터를 눌러 댔다. 하지만 나에게는 사망의 음침한 늪처럼 보였다. 제발 빨리 레에 도착해서 침대 위에 뻗어 버리고 싶었다. 현우는 나보다 더 상태가 안 좋아 보였다. 그는 반죽음 상태로 괴로운 신음 소리를 내다가 다 죽어가는 목소리로

"혀…엉…, 언제… 노착…해요?"

하고 물었다. 나는 시계를 보았다. 서너 시간은 더 가야 한다고 말했더니 현우는 절망한 표정으로 눈을 감았다.

얼마 후 차가 또다시 휴게소에 들어섰다. 군부대를 겸하는 곳으로 여권 검사를 위해 모두 하차해야 했다. 깃발이 휘날리고 있는 곳에 표지석이 하나 있었다. 이곳은 해발고도가 5,000미터 이상이었다. 설산이 굉장히 가까워 보였다. 버스 기사는 나에게 손짓을 했다. 나와 현우는 찬바람을 맞으며 그를 따라갔다. 성제도 우리를 따라왔다. 발걸음을 옮길 때마다 머릿속에서 쇠망치가 쿵

쿵대는 것 같았다. 우리는 컨테이너 건물 안으로 들어갔는데 한 무리의 인도 군인들이 짜이를 마시고 있었다. 버스 기사는 고산병엔 뜨거운 짜이가 최고라고 했다. 우리의 증상은 설사병과 고산병의 콜라보였던 것이었다. 키 큰 군인 하나가 짜이를 권했다. 공짜는 아니었지만, 인심이 후했다. 그는 고작 10루피를 받고 500cc 맥주잔만한 컵에 김이 모락모락 올라오는 방금 끓인 차를 담아 주었다. 혀가 녹아 버릴 것 같은 진한 단맛이었다. 우리는 목감기에 따뜻한 물을 마시듯 홀짝홀짝 마셨다. 건물을 나오는데, 눈이 부시도록 강렬한 햇볕이 내리쬐었다. 고도가 높아서 그런지 해가 더욱 가깝게 느껴졌다. 자리에 앉았는데 짜이 덕분인지 머리가 조금 가벼워졌다. 얼마 뒤 차는 산 아래로 내려갔다. 곧 포장도로가 나오더니 티베트 양식의 사원과 집들이 점차 많아졌다.

드디어 오후 5시경 레에 도착했다. 모두 몹시 지쳐 있었다. 우리는 나흘 동안 야간으로만 총 2,700킬로미터 정도의 거리를 이동한 것이었다. 마지막 마날리-레 구간은 약 500킬로미터인데 마치 5,000킬로미터쯤 간 느낌이었다. 현우는 초주검이 되어 있었다. 계획대로라면 곧바로 판공초 투어 예약을 해야 했다. 그러나 당장이라도 쓰러져 죽을 것 같은 상태에서 판공초고 뭐고 중요하지 않았다. 성제는 가까운 곳에 미리 알아둔 게스트하우스가 있다고 했다. 한시라도 빨리 현우를 쉬게 해야 했으므로 그냥 성제를 따라갔다. 숙소는 가격이 조금 비싸긴 했지만 새 건물이었다. 빈 방은 3인실 하나뿐이었다. 다른 숙소를 알아볼 힘이 없었으므로 거기 묵기로 하고 우리는 옷도 벗지 않은 채 침대 위에 쓰러졌다.

⁂

 7월 5일, 나는 설사가 완전히 멎었다. 하지만 현우의 상태는 별로 호전되지 않았다. 밤새 화장실도 몇 번 갔다 온 모양이었다. 반면 성제는 많이 회복되었는지 아침을 먹겠다며 밖으로 나갔다. 나는 꼬인 일정을 조정하기 위해 생각을 가동했다.
 '뉴델리-콜카타 구간의 비행기를 놓치지 않으려면 늦어도 모레 밤에는 마날리로 가는 차를 타야 한다. 판공초 투어는 반드시 1박을 해야 한다. 그렇다면 무슨 일이 있어도 내일은 그 호수로 가야만 하는 것이다. 하지만 과연 현우를 데리고 갈 수 있을까. 우리는 여기까지 와서 판공초를 보지 못하는 것인가?'
 생각 때문인지 고산병의 여파인지 머리가 아팠다. 나는 숙소에서 따뜻한 물을 구해 현우에게 마시게 했다. 현우는
 "형…, 저 배도 아프고… 머리도 아파요…."
 라며 끙끙 앓는 소리를 내다가 잠들었다. 나디 누나의 말대로 현지 약이 필요할 것 같았다.
 얼마 후 성제가 돌아왔다. 그는 여행사에 들러 이틀 후 출발하는 1박 2일 누브라 밸리 Nubra Valley 투어를 예약했다고 말했다. 투어 전날까지는 레를 구경할 것이라고 했다. 판공초는 안 가냐고 물었더니
 "천천히 가죠, 뭐. 저야 시간이 많으니까요."

그날 밤

하고 밉살스러운 소리를 했다. 그는 때마침 비게 된 1인실로 방을 옮긴다며 짐을 가지고 나가 버렸다.

나는 먹을 것과 약을 사러 거리로 나갔다. 날씨는 더없이 쾌청하고 시원했다. 레의 풍경은 마날리와도 크게 달랐다. 멀리 설산과 그 아래 황토색 바위산들이 병풍처럼 보였다. 네모반듯한 하얀 집들에는 나무로 된 짙은 색 창이 붙어 있어 뚜렷한 색감 차이를 보였다. 하늘을 수놓은 오색의 다르촉(티베트 불교의 기도 깃발)이 만국기처럼 펄럭이고 있었다. 빨리 돌아가서 현우를 돌보아야 한다는 생각에 나는 잰걸음으로 비탈을 내려갔다. 머릿속이 쿵쿵거렸다. 메인 거리 쪽에 약국 표지판이 보였다. 약국 문턱에 와서 가쁜 숨을 가누느라 헐떡이고 있는데, 문득 맞은편 골목 안쪽에 'flight ticket'(비행기 표)이라는 표지가 붙은 작은 여행사가 눈에 들어왔다. 나는 혹시나 하는 생각에 일단 들어갔다. 대머리 남자 직원 하나가 컴퓨터 앞에 앉아 있었다.

"What can I do for you?"(무엇을 도와드릴까요?)

"I need flight tickets for New Delhi."(뉴델리행 비행기 표가 필요해요.)

"We only have one flight for New Delhi per a day at 9 am. What date?"(하루 한편, 아침 9시에 가는 것밖에 없어요. 며칠이에요?)

"July 8th."(7월 8일이요.)

그는 키보드를 두드렸다.

"350 US dollars."(350달러예요.)

역시나 비쌌다.

"What about 9th?"(9일은요?)

"Same, 350."(같아요. 350달러.)

나는 작은 한숨을 쉬었다.

"Oh, it's too expensive, sorry."(아, 비싸네요. 죄송해요.)

내가 문을 나서려는데 그가 말했다.

"How about 10th? It's only 120."(10일은 어떠세요? 120달러인데.)

3분의 1밖에 되지 않는 가격이라니, 도저히 믿을 수 없었다.

"Are you sure?"(진짜예요?)

그는 다시 키보드를 두드리더니 내게 모니터를 보여 주었다. 나는 눈으로 화면을 훑었다. 놀랍게도 정말이었다.

'7월 10일 9시 비행기라면 뉴델리 공항에 10시쯤 떨어진다. 콜카타행 비행기 출발 시각은 2시 반이니까 심각한 연착만 아니라면 시간 여유는 충분하다.'

나는 직원에게 30분 안에 돈을 가지고 다시 오겠다 말하고 쉬지 않고 숙소로 달려갔다. 마치 마라톤Marathon 전투의 승전보를 전하러 간 그리스 병사처럼. 두통은 거의 느껴지지 않았다. 나는 현우를 깨웠다.

"형, 정말이에요? 우리 당장 예약해요!"

갑자기 현우의 목소리에 생기가 돌았다. 그의 눈에서 기쁨의 눈물이 왈칵 쏟아질 것 같았다. 나는 현우의 돈을 받아 즉시 여행사로 갔다. 그리고 프린트된 소중한 티켓을 손에 넣었다. 이로써 타지마할은 우리의 여행에서 제외되었다. 그렇지만 별로 아쉽지 않았다. 나는 종이를 부드럽게 쓰다듬으며, 마날리까지 열여덟 시간이 넘는 지옥 투어를 안 해도 된다는 점에 깊이 감사했다. 약국에서 알약 몇 개와 캔에 담긴 산소를 샀다. 돌아가는 길에 한국 식당을 들러 흰죽을 포장했다. 현우는 천천히 남김없이 먹었다. 그러고 나서 창밖을 보기도 하고 방안을 돌아다니기도 했다. 약을 먹고 산소를 몇 차례 흡입하더니 다시 잠들었다.

저녁이 되자 현우는 놀랄 정도로 회복되었다. 배탈도 잠잠해지고 두통도 잦아들었다. 그러나 무리를 해서는 안 된다는 생각에 판공초는 이틀 후에 가기로 했다. 우리는 저녁을 먹으러 나왔다. 티베트인들의 도시답게 티베트 식당이 많이 보였다. 현우는 그쪽으로 눈길조차 주지 않았다. 우리는 한국 식당으로 갔다.

⋙

7월 6일, 구름 한 점 없는 그림 같은 날씨였다. 경미한 두통이 남아 있었으나 점점 컨디션이 좋아지는 게 느껴졌다. 비행기 티켓을 샀던 그 여행사로 가서 판공초 투어를 예약했다. 이튿날 출발하는 1박 2일 일정이었다. 우리는 레의 시장이며 거리 곳곳을 구경하다가 높은 곳에 있는 레 왕궁으로 올라갔다. 수백 년 전, 라다크의 왕이 건축한 것으로 주변 바위와 같은 색을 띤 큰 건물이었다. 오래된 전설을 하나쯤은 간직하고 있을 법한 궁전. 나는 외적을 피해 험준한 고지대에 왕국을 건설한 사람들을 상상했다. 이들은 파시미나(Pashmina: 산양의 털로 만든 고급 직물)를 노린 카슈미르Kashmir의 공격으로 결국 정복되고 말았다. 역시 이 세상 어디에도 원수의 집요한 침략을 피할 완벽한 안식처는 존재하지 않는 것이다, 라고 생각하며 레를 내려다보았다. 멸망한 왕국의 빛바랜 슬픔이 옛 정취를 간직한 도시 위에 서려 있는 듯했다.

※※

7월 7일, 판공초로 가는 길은 순탄했다. 도로가 잘 정비되어 있었고 무엇보다 우리의 컨디션이 완전히 정상으로 돌아왔기 때문이었다. 마날리-레 구간과 유사한 골짜기와 바위산이 첩첩이 이어졌다. 불과 며칠 전에는 악마의 계곡처럼 느껴지던 풍경이었다. 그러나 이날에는 비경이 따로 없었다. 협곡을 흐르는 회색의 강물도 햇살을 가득 머금고 보석처럼 빛났다. 한국에서 결코 볼 수 없는 특이한 경관을 비로소 온전히 즐길 수 있게 된 것이었다. 차는 여섯 시간 만에 목적지에 도달했다. 우리는 차에서 내렸다.

그 호수가 보였다. 처음으로 직접 대하는 파란 호수. 농밀한 코발트블루가 꿈의 색채처럼 느껴졌다. 몽환의 빛이 그 위로 비쳤다. 그 순간 아무 소리도 들리지 않았다. 어떤 감촉도 느껴지지 않았다. 시간이 멈추고 다른 차원의 문이 열릴 것만 같았다. 나는 사용할수록 불완전해지는 언어라는 가면을 던져 버리고 한 걸음 한 걸음 다가섰다. 마치 살바도르 달리Salvador Dali의 작품 안으로 걸어 들어가는 듯한 착각이 들었다.

"형, 여기가 이 세상이 정말 맞나요?"

현우의 떨리는 목소리가 감각을 되찾게 해 주었다. 바람이 불고 잔물결이 일어났다. 수면에 비친 하늘과 구름과 산들의 모습이 흔들렸다. 호수는 현실 속에 있었다. 그러나 조금 전 초현실적 풍경의 여운은 한동안 가슴에 머물렀다. 우리는 각자의 생각에 잠겨 말없이 호숫가를 걸었다.

'우리는 왜 이 호수에 끌렸던 것일까. 이 호수가 무엇이기에 나디 누나는 2년 동안을 레에서 보냈던 걸까.'

나는 눈을 감았다. 그리고 눈으로 보았는지 마음으로 보았는지 뚜렷하지 않은 그 호수를 다시 떠올렸다. 그 순간 기시감이 일었다. 분명 무언가와 닮은 데가 있었다.

'무엇인가, 대체 무엇인가.'

이른 저녁 식사가 준비되고 있었다. 밖에서 숯불 향이 났다. 나는 양고기를 굽는가 하여 나가 보았다. 민박집 주인이 석쇠에 생선을 올려놓고 있었다. 그때 말씀이 떠올랐다.

육지에 올라보니 숯불이 있는데 그 위에 생선이 놓였고 떡도 있더라
요21:9

그 순간 깨달았다. 그것은 바로 갈릴리^{Galilee}였다. 2,000년 전의 갈릴리. 그리스도께서 제자들을 부르시던 그 호수. 그가 사역을 시작하신 그 호수. 그가 물 위를 걸으시던 그 호수. 부활하신 후 사랑하는 제자를 찾아오셔서 '네가 나를 사랑하느냐.' 하고 물으시던 그 호수. 영원의 문을 여는 기도의 깊은 곳에서 보았던 바로 그 호수였다. 나는 아침과 밤, 그 안에서 시간과 공간을 초월하는 다른 세계를 체험해 왔다. 세상이 주지 못하는 평안과 세상이 이해하지 못하는 놀라운 일들. 현우도 나디 누나도, 사실 우리 모두는 그 영원의 세계를 갈망하고 있었다. 마음의 구멍을 메우기 위해, 그 세계를 찾아 방황하고 있었다. 물론 판공초가 바로 그 세계나, 혹은 그 세계로 들어가는 문은 아니었다. 하지만 그것의 비현실성은 현실에만 매몰된 사람들에게 다른 어떤 세계가 존재하고 있음을 일깨우는 하나의 암시로서 기능하고 있었다. 나는 현우에게 복음을 이야기할 때가 되었음을 직감했다. 식사를 마친 후 우리는 방에 들어 따뜻한 짜이를 마셨다.

"내가 너를 인도에 데리고 가는 마지막 조건, 기억나?"

짜이를 다 마신 후에 내가 말했다. 창밖에 이둠이 툭 하고 떨어졌다. 어떤 신호 같은 느낌이었다.

"네, 기억나요. 이제 이야기하실 건가요?"

"그래, 바로 지금이야."

"알겠어요, 형. 들어볼게요."

나는 부드럽게 현우와 눈을 맞추었다.

"우리 눈으로는 볼 수 없는, 하지만 분명히 존재하는 영적인 세계가 있어."

나는 입을 열어 복음을 전하기 시작했다.

"그 세계와 이 세상 만물의 유일한 창조주이신, 영이신 하나님께서 하나님의 형상을 따라 인간을 만드셨지(창1:27). 하나님의 형상이란 영적인 존재를 의미하는데, 바로 영혼이 있는, 그래서 하나님의 영이 그 안에 함께 하실 수 있는 존재를 말해. 물고기가 물 안에서 살아야 행복하듯 인간은 원래 하나님과 함께 있어야만 진정 행복하도록 창조된 거야. 하나님은 인간을 다른 모든 피조물보다 사랑하시고, 세상을 정복하고 다스리는 복을 주셨어(창1:28). 원래 인간은 바로 그런 존재였어. 이 모든 축복을 영원히 누릴 수 있는 단 한 가지 조건이 있었는데, 그건 선악을 알게 하는 나무의 열매를 먹지 말라는 하나님의 명령을 지키는 것이었어. 하나님은 그 열매를 먹으면 반드시 죽는다고 말씀하셨지(창2:17).

그런데 문제가 생긴 거야. 인간이 창조되기 전에 이미 창조된 또 다른 영적 존재들이 있었어. 이들은 하나님의 형상이 아니라, 섬기는 영인 천사들이지(히1:14). 그중에 하나님을 찬양하던 높은 천사 하나가 하나님처럼 되겠다고 교만을 품었어(사14:12~14). 마침내 하나님을 대적했다가 그 수하의 천사들과 함께 영원히 멸망을 당해 이 세상으로 떨어진 거야(계12:9). 그게 바로 혼돈, 공허, 흑암의 존재(창1:2), 마귀라고도 하고 사탄이라고도 하는 존재지.

바로 그 존재가 뱀 안에 들어가서 인간을 속였어(창3:1~5). 하나님의 말씀은 믿을 필요가 없는 거짓말이라고, 하나님이 먹지 말라는 그 열매를 먹으면 하나님처럼 된다고. 그 자신이 멸망을 당한 것처럼 인간도 멸망을 당하게 하려고 말이야.

인간은 사탄의 말을 듣고 받아들였지. 자기를 창조하신 하나님을 믿지 않고, 자기가 하나님처럼 되겠다며 교만에 빠진 거야. 그리고 자기의 의지로 그 교만을 행동에 옮겼어(창3:6). 그 열매를 먹어 버린 인간은 즉시, 영원히 하나님을 떠나게 되었지. 물고기가 물 밖으로 나온 것처럼. 시간이 문제일 뿐 그 물고기는 죽은 거야. 그 이후로 모든 인간은 성경이 말하는 근본적인 세 가지 문제 속에 있게 되었어.

첫째는, 영혼이 하나님과 단절된 죽음의 상태에 빠진 거야. 영이 죽은 인간은 하나님을 알 수도 없고 만날 수도 없게 되었어. 영이 죽었으니 육신도 시간이 지나면 늙고 죽어서 흙으로 돌아가게 돼.

둘째는, 하나님과의 단절을 가져온 그 죄, 곧 원죄를 짊어지게 되었어. 한국 사람인 아버지와 어머니 사이에서 한국에 태어난 사람은 한국 사람인 것처럼, 원죄를 가진 인간들 사이에서 이 세상에 태어난 모든 인간은 잘못을 안 했어도 태생적으로 원죄가 있어.

셋째는, 사탄의 노예가 된 거야. 사탄은 영이 죽고 육신이 되어 버린 인간을 마음대로 조종하지. 사탄은 눈에 보이지 않고, 그 존재를 드러내지 않은 채 사람에게 생각을 심어(요13:2). 어디에서 오는지 모르는 생각들에 따라 인간은 행동하게 되지. 그런데 사탄은 인간의 멸망을 추구하기 때문에(요10:10) 인간에게 오는 모든 생각은 항상 인간을 파멸시키는 쪽으로 작용해.

이 근본 문제 때문에 인간은 불행과 고통 속에 괴로워하는 거야. 모든 인간은 행복을 추구하지. 그런데 그건 사실 진정한 행복이 없기 때문인 거야. 행복해 보려고, 또는 불안하고 두려워서 무언가를 의지해 보려고 하지. 돈이든, 권력이든, 사람이든. 하지만 성경은 하나님이 아닌 다른 무언가를 의지하는 것을 우상 숭배라고 했어. 우상 숭배는 필연적으로 정신적인 문제를 가져와. 불안, 염려, 우울증, 공황장애, 편집증, 조현병 같은 것들 말이야. 많은 사람이 숨기고 있지만, 그 자신은 알 거야. 여기에 육신적인 문제가 동반돼. 수많은 질병, 잘못된 습관, 가난, 알코올이나 마약, 도박, 게임 중독 등으로 인간은 무너지지. 이렇게 인간의 삶은 저주와 재앙으로 가득 차 있어. 즐겁고 행복한 것처럼 보일 때도 있지만 잠시뿐이야. 문제는 반드시 들이닥치게 되어있어. 이런 지옥 같은 세상을 살다가 육신이 죽는 날, 진짜 지옥에 가게 되지. 하나님께서 마귀와 그 수하의 귀신들을 영원히 가두기 위해 만들어 놓으신 곳에 말이야(마25:41). 마귀의 노예가 되었으니까 마귀를 따라가게 돼. 그런데 이 고통은 우리의 자녀들에게 그대로 이어져. 놀라운 것은 부모의 문제가 자녀에게 대물림 된다는 점이야. 어니스트 헤밍웨이Ernest Hemingway 알지?「노인과 바다The Old Man and the Sea」를 쓴 그 헤밍웨이 말이야."

　현우는 고개를 끄덕였다.

　"「누구를 위하여 종은 울리나For Whom the Bell Tolls」,「무기여 잘 있거라A Farewell to Arms」같이 세계 문학사에 길이 남을 대작으로 노벨

상까지 받고 부와 명성을 거머쥔 그 헤밍웨이가 어떻게 죽었는지 아니?"

"아니요."

"평소에 사냥용으로 쓰던 엽총으로 자살했어."

현우는 말이 없었다.

"자살은 행복할 때 하는 건 아니잖아? 모든 것을 가진 그가 무엇이 부족해서 그런 선택을 한 것일까. 전부터 정신적인 문제에 시달리던 그는 말년에 심각한 우울증을 겪고 있었다고 해. 그런데 그 아버지는 헤밍웨이가 죽기 30년쯤 전에 권총으로 자살을 했지. 또 헤밍웨이에게는 마고Margaux라는 손녀가 있었어. 마고는 배우이면서 모델로 활동하며 성공했지만, 불안과 마약 중독에 시달리다가 약을 먹고 자살했어."

현우는 충격을 받은 얼굴이었다.

"그 누구도 이런 인간의 문제에 대해 답을 주지 못했어. 사람들은 착하게 살면 복을 받고 악하게 살면 벌을 받는다 하지. 그러나 코넛플레이스에서 봤던 그 사진을 생각해 봐. 그 소녀들이 무슨 악한 일을 했기에 그런 참혹한 죽음을 맞이한 거지?"

잠시 정적이 흘렀다. 나는 말을 이어갔다.

"왜냐하면, 인간 기준의 선과 악이 복과 화의 관건이 아니기 때문이야. 하나님을 떠난 인간 모두가 사탄이 지배하는 운명 속에서 움직여지고 있는 거지. 인간은 오랜 옛날부터 철학, 종교, 과학으로 이 문제를 해결해 보려고 했어. 철학자들은 인간의 고통이라는 현상은 설명할 수 있었지만, 그 원인을 규명하지 못했지. 원인에 대한 잘못된 이해는 잘못된 해결책 제시로 이어졌어. 종교는 인간이 하나님을 만나 보려고 노력하는 것인데, 영적인 죽음 상태의 인간은 자기의 노력으로 결코 하나님을 만날 수 없어. 덕을 쌓거나 수행을 하거나 선행을 해도 소용이 없는 거야. 과학의 발전은 우리의 생활을 편리하게 해 주었지. 하지만 아무리 과학이 발전해도 인간의 근본 문제는 해결되지 않고 오히려 새로운 문제가 발생해. 예를 들어 인터넷이 생기니까 게임이나 도박에 중독되고 인간은 더욱 소외감과 공허함을 느끼게 되지. 이처럼 인간의 노력은 모두 실패했어. 이 근본 문제는 하나님을 떠나서 생긴 것이기 때문에 하나님을 만나야만 해결될 수 있는 거야.

하나님은 너무나 사랑하는 인간이 문제에 빠지자마자 여기서 벗어나는 유일한 답을 주셨어. 여자의 후손을 보내서 뱀의 머리를 상하게 할 것(창3:15)이라고 말이야. 즉 인간을 노예 삼은 사탄을 무너뜨리고 인간을 해방할 참 왕을 보내시겠다고 약속하신 거야. 또 희생 제사(출3:18)의 주인공으로 인간의 원죄와 모든 죄를 완벽하게 대속할 참 제사장을 보내시겠다고 하셨지. 그리고 임마누엘(사 7:14), 즉 하나님과 함께할 수 있도록 하나님과 인간 사이를 연결할 참 선지자를 보내시겠다고 하신 거야. 이스라엘에서 왕, 제사장, 선지자를 세울 때 기름을 머리에 부었는데, 이 세 가지 직분을 가진 '기름 부음을 받은 자', 즉 구원자 그리스도를 보내시겠다는 약속이 바로 구약 성경의 핵심이야.

하나님은 그리스도의 증거로 처녀의 몸에서 잉태되어 태어날 것(사7:14), 그래서 죄가 없는데도 인간의 저주를 대신 짊어지고 나무에 달려 죽을 것(신21:23, 사53:1~12), 죽음에서 부활할 것(시16:10), 이 세 가지를 제시하셨어. 그리고 하나님의 약속대로 그 그리스도가 오셨어. 그가 바로 예수야. 예수에 대해 신약 성경은 이렇게 증언하고 있어. '하나님의 아들이 나타나신 것은 마귀의 일을 멸하려 하심이다(요일3:8)', '인자가 온 것은 자기 목숨을 많은 사람의 대속물로 주려 함이다(막10:45)', '내가 곧 길이요 진리요 생명이니 나로 말미암지 않고는 아버지께로 올 자가 없다(요14:6)', 이 말씀대로 예수는 사탄의 권세를 완전히 깨뜨리는 왕이 되시고, 인간의 죄를 대속하기 위한 희생 제물이 되시고, 하나님과 인간 사이의 유일한 길이 되시는 거야.

그는 하나님이 제시하신 증거대로 처녀 마리아의 몸에서 성령으로 잉태되어 나셨고(마1:18~25), 인간의 원죄와 모든 죄를 짊어지신 채 십자가에서 피 흘려 죽으셨고(요1:29, 마27:26), 사흘 만에 죽음에서 부활하셨지(마28:6).

이건 신화나 교리가 아니라 하나님의 말씀이 밝히고 있는 인간과 세상, 하나님의 사랑에 대한 실체적 진실이야."

나는 성경에 근거한 확신으로 말했다.

"이 복음을 전달받은 너에게 하나님께서는 예수가 그리스도이심을 믿고 구원자로 받아들이기를 원하셔. 그럼 인간의 근본 문제에서 영원히 해방되고 사탄의 노예에서 하나님의 자녀라는 원래 인간의 신분으로 돌아가는 거야. 천국이 보장되고 이 땅에서 하나님의 영인 성령의 인도를 받게 돼. 이것을 구원이라고 하지. 한번 잘 생각해 보고, 믿고 구원을 받겠다면 말해 줘. 뭐, 지금 당장 이야기하지 않아도 괜찮아."

현우는 놀라움인지 두려움인지 기쁨인지, 여러 감정이 얽히고 설킨 얼굴이었다.

"형, 저 잠시 밖에 나갔다 올게요."

그가 말했다.

나는 우리가 어떻게 여기까지 올 수 있었는지를 생각해 보았다. 군종 목사의 간증, 현우와 동아리에서 같이 공연을 하게 된 일, 인도 영화, 나디 누나, 레-뉴델리 구간의 비행기 티켓…. 모든 것이 보이지 않는 끈으로 연결되어 있었다. 전부 우연이라면 오히려 그게 더 놀라운 일이었다. 성경을 꺼내 읽고 있는데 현우가 돌아왔다.

"형, 이야기를 듣고 의문이 조금 생겼어요."

"뭔데?"

"선악을 알게 하는 나무의 열매를 먹지 않았다면 인간이 고통 속에 빠지지 않았겠죠?"

"그렇지."

"하나님은 도대체 그 열매를 왜 만든 거예요? 만들지 않았다면 인간이 하나님을 떠날 일도 없었을 텐데요."

"하나님은 완전한 사랑의 교제를 원하시기 때문이야."

"완전한 사랑의 교제요?"

"자, 어떤 아름다운 여자가 있다고 가정해 보자. 너는 그 여자를 보자마자 깊이 사랑에 빠졌지. 다른 어떤 여자도 눈에 들어오지 않을 만큼 깊이. 너는 그 여자에게 사랑한다고 고백을 했어. 그런데 그녀도 너를 사랑한다는 거야. 네가 단발머리를 좋아한다고 했더니 그녀는 곧 머리카락을 잘랐어. 네가 바지는 싫고 치마가 좋다고 했더니 바로 옷을 갈아입었어. 데이트 비용을 내라고 했더니 지갑을 열었어. 그녀는 어떤 망설임도 없이 너의 모든 요구를 그대로 들어줬어. 그녀는 과연 너를 사랑하는 걸까?"

"아니요. 그런 건 사랑이 아니죠."

"그렇지. 하나님은 인간을 로봇처럼 자기 명령에 무조건 따르는 존재로 만들지 않으셨어. 하나님은 인간에게 선택할 수 있는 자유의지를 주셨지. 그런데 인간에게 선택지가 없다면? 아까 그 여자가 다른 남자를 아예 보으고 또 알 수도 없어서 너를 사랑하지 않을 수 없었다면, 그것 역시 사랑이 아니야. 하나님은 인간에게 하나님이 아닌 다른 것을 고를 수 있도록 선택지를 주신 거야. 그 선택지가 바로 선악을 알게 하는 나무의 열매인 거지. 내가 선택해서 사랑하는 여자가 다른 남자를 선택할 수 있는데도 나의 사랑에 감동하여 나를 선택하기를 원하는 것처럼, 하나님도 자신의 의지로 선택해서 사랑하는 인간이 하나님의 사랑에 감동하여 인간 스스로의 의지로 다른 것이 아닌 하나님을 선택하기를 원하신 거야. 그게 완전한 사랑의 교제야."

그날 밤

"하지만 잘못 선택해서 진짜 죽을 수도 있는 거잖아요."

"맞아. 그래서 하나님은 그에 대비해서 예수 그리스도라는 완전한 구원의 길을 예비하신 거지."

"그럼, 또 다른 질문 하나 할게요."

"좋아."

"우리나라에는 기독교가 조선 후기쯤 들어왔잖아요? 예수를 믿고 받아들여야 구원을 받는다고 하는데, 그 전에 살던 사람들은 예수에 대해 들어본 적도 없었겠죠? 그럼 그 옛사람들은 전부 구원을 못 받은 건가요?"

"응. 그 사람들은 구원을 받지 못한 거야."

"그건 불공평하다고 생각해요. 그 사람들에게는 아예 구원의 기회조차 주어지지 않았잖아요."

"어떤 사람이 구원을 받는 것은 그 사람의 선택이 아니라 하나님의 선택이야. 만약 옛날 사람들이 늦게 태어나 예수에 대해 들었다면 구원을 받았을까? 결코 그렇지 않아. 어차피 그들은 구원을 받지 못하도록 정해져 있었기 때문이지. 그들이 일찍 태어난 것이 바로 하나님이 그들을 구원하지 않기로 했다는 점을 보여주는 거야."

현우는 수긍하지 못하겠다는 표정이었다.

"하나님을 떠났다는 것의 의미를 보여주는 성경의 비유가 하나 있어. 탕자의 비유라고. 혹시 알고 있니?"

"글쎄요, 어디서 들어본 적이 있는 것 같기도 해요."

"한번 들어봐. 이스라엘의 어떤 사람에게 두 아들이 있었는데 둘째 아들이 나중에 자기에게 돌아올 재산을 달라고 아버지에게 말했어."

"아, 알아요. 그 아들이 어디 가서 재산을 다 탕진했는데 아버지는 아들이 돌아오기만을 기다렸죠. 나중에 거지꼴로 돌아왔지만, 아버지는 그저 돌아온 게 너무 기뻐서 제일 좋은 옷을 입히고 잔치를 베풀었다는 얘기 아니에요?"

"맞아. 그런데 말이야, 이스라엘 사람들은 이 이야기를 들을 때 그 둘째 아들 때문에 격하게 분노했을 거야. 왜 그랬을까?"

"아버지의 재산을 전부 탕진해서요?"

"아니, 아버지 생전에 아버지에게 재산을 나눠 달라고 하는 말의 의미 때문이야. 이스라엘에서 그건 '나에게 아버지는 죽은 사람이나 마찬가지니까 상속분이나 내놓으시오.'라는 뜻이야. 아버지와 자식의 연을 완전히 끊겠다고 한 거지."

"진짜 개자식이네요."

"그래. 하나님과의 단절은 인간이 자기를 창조하신 아버지인 하나님을 자기의 의지로 매몰차게 영원히 버리고 사탄을 선택한 사건이었어. 하나님의 입장에서는 인간이 원수가 된 것이지. 그 원수 중에 누구를 살릴지, 다 살릴지, 다 죽일지는 전적으로 하나님의 선택인 거야. 일부만 살리거나 다 죽인다고 해도 하나님이 잘못했다고 말할 수 없어. 이렇게 얘기하면 아마 이해가 더 잘 될 거야. 어떤 왕이 다스리는 나라가 있었어. 그런데 어느 날 반란이 일어났어. 역적들은 왕을 죽이려고 총과 칼을 들고 궁전으로 쳐들어갔어. 다행히 왕은 반란을 진압했지. 반란자들은 전부 왕 앞에 잡혀 왔어. 그들은 살기가 가득한 눈으로 왕을 쳐다보았지. 그런데 왕이 그중에 몇 명을 용서하고 살려 주었어. 나머지는 처형됐지. 자, 그럼 용서받은 그 사람들이 다른 반란자들은 왜 안 살려줬냐고, 불공평하다고 왕을 비난할 수 있겠니?"

"아니요. 오히려 자기를 살려준 것을 감사하게 생각해야죠."

"그렇지, 바로 그게 맞는 거야. 옛사람들을 구원하지 않았다고 해서 하나님이 불공평하다고 말하는 게 잘못된 일이라는 거, 이제 알겠어?"

현우는 아, 하고 고개를 끄덕였다.

"또 다른 질문 있니?"

"네, 이게 마지막이에요. 하나님이 인간을 사랑하신다고 했는데 그럼 인간을 노예로 삼은 사탄을 없애시면 되잖아요? 그런데 왜 안 그러시는 거죠?"

"사탄도 하나의 영적 존재야. 영적 존재는 불멸이지. 지옥에 가는 인간도 없어져 버리는 것이 아니야. 지옥에서 영원히 존재해. 하나님께서는 하나님의 일을 위해 사탄도 하나의 도구로써 사용하시지. 예정대로 영원한 지옥에 들어가기 전까지, 하나님이 선택하지 않은 인간들을 담당하는 도구로써, 또 하나님이 선택한 인간들의 영적 성장을 위한 단련의 도구로써 말이야. 사탄은 구원받은 인간에게도 고난과 시련을 줄 수 있어. 하나님이 허락하셨지. 오히려 구원받지 못한 사람보다 더 많은 어려움이 생길지도 몰라. 하지만 성질이 완전히 달라. 구원받지 못한 사람에게는 고난과 시련이 멸망 속에서 일어나는 숙명적인 일이지만, 구원받은 사람에게는 하나님의 계획을 찾고 하나님의 말씀을 선택해서 하나님의 놀라운 일들을 체험할 기회가 되는 거야."

잠시의 침묵 뒤에 현우가 입을 열었다.

"저는 처음부터 형이 뭐라고 말하든 그래도 예수는 믿지 않을 거야, 라고 마음먹고 인도에 왔어요. 형이 저를 여기까지 데려와 주시고, 아플 때 챙겨 주신 것은 정말 감사했지만, 솔직히 생각이 달라지진 않았어요. 그런데 이야기를 들으면서 어떤 묘한 느낌이 들었어요. 무언가가 저를 잡아끄는 듯한…, 무서운 느낌은 아니고요. 그런데 그게 영화에서 판공초 호수를 처음 봤을 때 들었던 느낌이랑 굉장히 비슷했어요. 형의 이야기를 다 듣고 밖에서 생각해 봤어요. 그러니까 몇 가지 의문이 생기더리고요. 또 이어서 이런 생각도 들었어요. 만약 그 의문이 풀린다면 나도 예수를 믿어야겠다, 하는 생각이요. 의문은 다 풀렸어요. 형, 저 예수를 믿고 싶어요."

현우는 예수를 영접하는 기도를 따라서 했다.

"사랑의 하나님, 저는 죄인입니다. 하나님을 떠나 하나님을 알지 못한 채 인생을 방황하며 살았습니다. 하지만 지금, 예수께서 나를 위하여 십자가에서 피 흘려 죽으시고 부활하신 구원자 그리스도이심을 믿습니다. 지금 내 마음의 문을 열어드리니 성령으로 내 안에 들어오셔서 영원히 나와 함께 하시고 나를 인도해 주시옵소서. 나를 구원하심에 감사드리며 예수 그리스도의 이름으로 기도합니다. 아멘."

전혀 변한 것이 없었지만 모든 것이 변한 밤이었다.

"그런데 형, 아까 나갔을 때 보니까 밖에 별이 장난 아니던데요?"

우리는 밖으로 나갔다. 불빛이 거의 없어 하늘과 땅의 경계가 명확하지 않았다. 위를 올려다보니 수없이 많은 별이 쏟아질 것처럼 가깝게 빛났다. 순간 하늘에 빗금 하나가 그어졌다가 사라졌다.

"어? 유성이다!"

내가 말했다.

"어디요?"

현우가 내가 보는 방향을 쳐다보며 물었다. 그때 또 하나가 떨어졌다. 이어서 또 하나가 떨어졌다. 유성우였다. 별똥별이 꼬리의 여운을 남기며 연이어 떨어져 내렸다. 하늘 군대의 승전 나팔 소리가 울려 퍼지는 것 같았다.

꼬꼬꼬

7월 8일, 새벽부터 폭우가 내렸다. 레로 돌아가는 길엔 강물이 많이 불어 있었다. 포장도로 쪽은 그래도 상태가 괜찮았으나 비포장도로는 심한 진흙탕이 되어 있었다. 투어 차량 기사는 이렇게 비가 많이 내리는 날이 몇 년 만에 처음이라고 했다. 낙석도 있었다. 차는 떨어진 돌을 피해서 물이 덜 고인 쪽으로 아주 천천히 조심조심 지나갔다. 그 바람에 올 때보다 무려 두 시간이나 더 걸렸다.

레에 도착한 시각은 오후 5시였다. 레에도 비가 많이 오고 있었다. 길바닥 곳곳에 물이 고여 걷기도 힘들었다. 우리는 몹시 지쳤고 배가 고팠다. 짐을 숙소에 두고 자주 가던 한국 식당으로 곧장 갔다. 한쪽 구석에 성제가 여러 사람과 함께 앉아 있었다. 투어에서 만난 사람들인 모양이었다. 성제는 우리를 보자 인사를 했다. 우리도 인사했다.

"누브라 밸리는 좋았어요?"

내가 물었다.

"누브라 밸리는 좋았죠. 제가 안 좋아서 문제였죠."

성제는 얼굴을 찡그렸다.

"고산병이 다시 도졌는지, 너무 힘들어서 제대로 구경도 못했죠. 네 시간 동안 가는데 차에서 계속 어질어질했어요. 오는 길에 비도 많이 오고요. 여기 괜히 왔나 봐요. 고생만 죽도록 했네요. 더는 못 있을 거 같아서 일단 내일 하루 푹 쉬고, 모레 밤에 마날리로 다시 돌아갈 거예요. 레에는 얼마나 더 계시죠?"

"저희도 모레 떠나요, 아침에요. 비행기 타고 뉴델리로 가거든요."

현우가 어깨를 으쓱했다. '비행기'에 묘한 강세가 느껴졌다.

"어? 여기 오실 때 육로로 돌아간다고 하지 않았어요?"

"그랬었죠. 그런데 저희도 너무 힘들어서 비행기 표를 알아봤어요."

내가 대답했다.

"아, 엄청 비쌌을 텐데, 얼마예요? 가격이."

"120달러요."

성제는 몹시 놀라며 말했다.

"와, 진짜 말도 안 돼. 어떻게 그런 가격에 구했죠? 사실 저도 오늘 낮에 도착해서 비행기 표 알아봤거든요. 여행사 몇 군데를 가 봤는데 하나같이 500달러라는 거예요. 완전히 미친 가격이죠? 이번 주에 출발하는 거 전부 다 그래요."

"저희가 운이 좋았죠, 뭐."

현우가 억지 겸손을 떠는 꼴이 조금 우스웠다.

"그런데요, 운이 별로 안 좋으신 건지도 몰라요."

성제가 말했다.

"네? 왜요?"

현우가 물었다.

"여행사에서 들었는데 오늘 비행기가 안 떴대요. 악천후 때문에요."

갑자기 현우의 얼굴에 어두운 빛이 감돌았다.

"일기 예보도 이번 주 내내 날씨가 안 좋을 거래요. 여기는 비가 한번 오기 시작하면 미친 듯이 온다나, 뭐 그렇대요."

현우는 나를 쳐다보았다. 불안과 염려가 엄습한 표정으로.

"형, 우리, 비행기 못 타면 어떡해요? 오늘 밤에 육로로라도 바로 떠나야 하는 거 아니에요? 모레 뉴델리에서 캘커타로 가려면요."

그랬다. 육로로는 당장 마날리로 가지 않으면 이틀 후 콜카타행 비행기를 절대로 탈 수 없었다. 우리는 황급히 식당을 나갔다. 그때 갑자기 거리가 어둠으로 뒤덮였다. 정전이었다. 6시 전이라 앞을 분간 못할 정도는 아니었다. 여기저기서 발전기 돌리는 소리가 나기 시작했다. 우리는 메인 거리로 달려갔다. 여행사가 닫을까 봐 물웅덩이에 신경을 쓸 여유가 없었다. 신발과 바지 아래쪽이 흙탕물에 다 젖었다. 가는 여행사마다 전부 문이 닫혀 있었다. 다행히 비행기 표를 샀던 그 여행사는 문을 닫지 않았다. 여전히 대머리 직원이 앉아 있었다.

"I need bus tickets for Manali tonight."(오늘 밤 마날리 가는 버스 티켓이 필요해요.)

내가 말하자 직원은 고개를 저었다.

"Tonight? It's impossible. The road to Manali is blocked by a huge rock slide now. It will probably take 1 day to repair."(오늘 밤에요? 그건 불가능해요. 마날리로 가는 도로는 큰 낙석 때문에 지금 막혀있어요. 복구하는 데 하루는 걸려요.)

우리는 터덜터덜 숙소로 갔다. 옷이 너무 젖었기 때문이었다. 일단 밥이라도 먹어야겠다는 생각에 옷을 갈아입고 다시 한국 식당으로 갔다. 식당은 촛불을 켜 놓고 영업을 하고 있었다. 성제와 그 무리는 없었다.

"형, 이제 어쩌죠?"

"걱정하지 마. 현우야, 너, 하나님의 자녀가 되었잖아. 하나님이 인도하실 거야."

그렇게 말했어도 사실 뾰족한 수는 없었다. 하지만 마음이 불안하지 않았다. 뭔가 어떻게든 될 것 같은 느낌이 들었다. 현우는 밥을 먹는 둥 마는 둥 했다. 우리는 숙소로 돌아왔다. 비가 좀 잦아드는 듯했다. 현우는 조금은 희망적인 얼굴로 자리에 누웠다. 나는 기도를 하고 나서 잠을 청했다.

﹆﹆﹆

7월 9일 새벽, 비가 어제보다 더욱 세차게 내렸다. 아침이 되어도 빗줄기는 가늘어지지 않았다. 가는 빛줄기 하나가 하늘로부터 내리꽂히더니 이윽고 천둥소리가 배고픈 사자처럼 으르렁댔다. 레에서 더 갈 만한 곳도 없었고, 이런 날씨에 나갈 수도 없었다. 우리는 방 안에서 오전 시간을 보냈다. 현우는 늦게까지 잤고 나는 성경을 읽었다. 밥을 굶을 수는 없어 점심을 먹으러 나갔다. 신경 써서 우산을 받쳤는데도 금세 옷이 많이 젖었다. 식사 후에 여행사에 가 보았다. 이날 아침에도 비행기는 뜨지 못했다고 했다. 현우는 우울한 얼굴로 아무 말도 하지 않았다. 다시 나오기 쉽지 않을 것 같아 우리는 마트에 들러 저녁과 다음 날 아침 식사 거리를 사서 돌아왔다.

지긋지긋한 비는 밤에도 그칠 줄을 몰랐다. 나는 기도를 하러 갔다. 게스트하우스 3층 구석에 다락으로 올라가는 계단이 있었는데, 사람들이 드나들지 않는 곳이었다. 이 숙소에 머무는 동안 거기가 바로 내 기도처였다. 어둠의 적막 속에서 나는 평소에 하던 대로 나를 사랑하시는 하나님 아버지의 은혜에 감사했다. 나의 구원자 예수 그리스도를 찬양했다. 주님의 뜻이 내게 임하고 믿음으로 선택하여 그 말씀의 성취를 체험하는 성령의 인도를 구했다. 그리고 가정을 위하여, 교회를 위하여, 선교지를 위하여, 인도를 위하여, 캘커타를 위하여 기도했다. 또 내 노트에 적힌 모든 사람의 이름을 부르며 그들을 위하여 기도했다. 특히 현우를 위하여 기도했다. 하나님의 자녀로 새로운 생명을 얻은 현우의 영적 성장을 구했다. 진한 감사와 기쁨의 눈물이 영혼을 적시는 그 순간, 어떤 황홀한 느낌이 나를 사로잡았다. 이윽고 말씀 하나가 또렷하게 떠올랐다.

> 바울아 두려워하지 말라 네가 가이사 앞에 서야 하겠고
> 또 하나님께서 너와 함께 항해하는 자를 다 네게 주셨다 하였으니
> 행27:21

이 말씀을 깊이 생각해 보았다. 그때, 눈에 보이지는 않았으나 어떤 환상을 보았다. 귀에 들리지는 않았으나 어떤 음성을 들었다.

⇢⇢⇢

7월 10일, 새벽에 일어나 기도를 마치고 나니 6시 조금 전이었다. 현우는 눈이 퀭했다. 잠을 제대로 못 이룬 것 같았다. 날씨는 여전했다. 거센 비바람이 창문을 때리고 있었다. 우리는 간단히 아침을 먹었다. 나는 빠뜨리고 가는 것이 없는지 마지막으로 점검했다. 짐을 챙겨 나가려는데 현우가 말했다.

"공항에는 가서 뭐하나, 어차피 돌아오게 될 거, 하는 생각이 들어요. 마날리로 가는 길은 복구되었을까요? 아, 정말 그 지옥 같은 길을 어떻게 또 가죠? 뉴델리로 가면 그냥 바로 한국으로 가야겠죠? 편도 비행기 값은 얼마 정도 할까요?"

불안과 염려가 현우의 생각을 어두운 데로 끌고 가는 것이 보였다. 나는 현우의 어깨에 한 손을 올리고 말했다.

"어젯밤에 기도하는데, 하나님의 천사가 내 옆에서 말했어. '두려워하지 마, 너는 캘커타로 가게 될 거니까.'라고. 또 '너랑 같이 다니는 현우도 가게 될 거야.'라고도 했어. 그러니까 불안해하지 마. 하나님께서는 말씀하신 것을 반드시 이루시는 분이야. 나는 그 하나님을 믿어."

나 자신에게 하는 말이기도 했다. 우리는 방수커버를 씌운 배낭을 짊어지고 우산을 쓴 채로 메인 거리 쪽으로 걸어갔다. 가까운 곳에 택시 하나가 서 있었다. 손을 흔들자 우리 쪽으로 왔다. 공항까지는 10분 남짓한 거리였다. 작은 공항에는 사람들이 이미 많이 와 있었다. 7시에 체크인 카운터가 열렸다. 우리는 수속을 마치고 탑승권을 받았다. 창밖의 가망 없는 하늘에는 검은 구름이 금방이라도 내려앉을 것처럼 무거워 보였고, 여전히 비가 내렸다. 출발 시각인 9시가 한 시간밖에 남지 않았지만, 그때까지 탑승구로 가라는 안내 방송은 전혀 없었다. 사람들은 단념했는지 하나둘 공항을 떠나기 시작했다. 출발 시각까지 정확히 40분 남았을 때, 방송 시그널이 들렸고 안내가 시작되었다.

"Ladies and gentlemen, may I have your attention, please."(신사 숙녀 여러분, 집중해 주세요.)

결항 안내임을 확신한 듯 사람들이 불안한 얼굴로 웅성거렸다. 그러나 방송 내용은 그게 아니었다.

"Indian Airways flight 138 to New Delhi is now ready for boarding, all passengers for this flight proceed to gate 1, thank you."(인디안 에어웨이스 138편 뉴델리행 비행기의 탑승 준비가 되었으니 승객분들은 게이트 1번으로 와 주시기 바랍니다. 감사합니다.)

현우는 창 쪽으로 달려갔다. 그리고 큰 소리로 나를 불렀다.

"형, 여기로 와 보세요!"

나는 빠른 걸음으로 갔다. 가는데 웃음이 났다. 비는 그쳤으나 공항 주변 하늘에는 먹구름이 둘러 있었다. 그런데 공항 위에 파란 하늘이 원형으로 드러나 있었다. 하필이면 공항 바로 위에만, 마치 구멍이 뚫린 것처럼.

우리는 탑승구에서부터 걸어서 비행기를 타러 갔다. 현우는 환

영이라도 본 듯 얼떨떨한 얼굴이었다. 비행기는 9시 10분에 이륙했다.

뉴델리 공항에는 한 시간 뒤에 도착했다. 콜카타행 비행기를 기다리는 동안 우리는 카페에 들어가서 점심을 사 먹었다. 현우가 입을 열었다.

"형, 저 하나님을 자세히 알고 싶어요."

"그럼 교회를 다녀야지."

"형 귀국하시면 같이 가요. 그런데, 교회에 힙합 입고 가도 돼요?"

"물론이지. 인도가 아니니까."

그 말을 마치는 찰나에 쏴아, 하고 뉴델리 공항에 비가 쏟아졌다. 현우는 창밖을 보더니 얼굴이 굳어졌다.

"야, 걱정 마."

나는 웃으며 말했다. 현우는 이내 고개를 끄덕였다. 그것은 스콜(Squall: 열대 지방에서 대류에 의해 생기는 강한 소나기)이었다. 10분도 채 되지 않아 언제 그랬냐는 듯 다시 맑은 하늘이 모습을 나타냈다. 아무래도 하나님은 장난을 좋아하시는 모양이다. 우리는 콜카타행 비행기에 탑승했다. 항공기는 큰 소리와 함께 하늘로 떠올랐다. 얼마 후 누가 먼저인지 모르지만, 둘 다 스르르 잠에 빠져들었다. 깊은 기도 가운데 있는 것처럼 평온한, 그런 잠이었다.

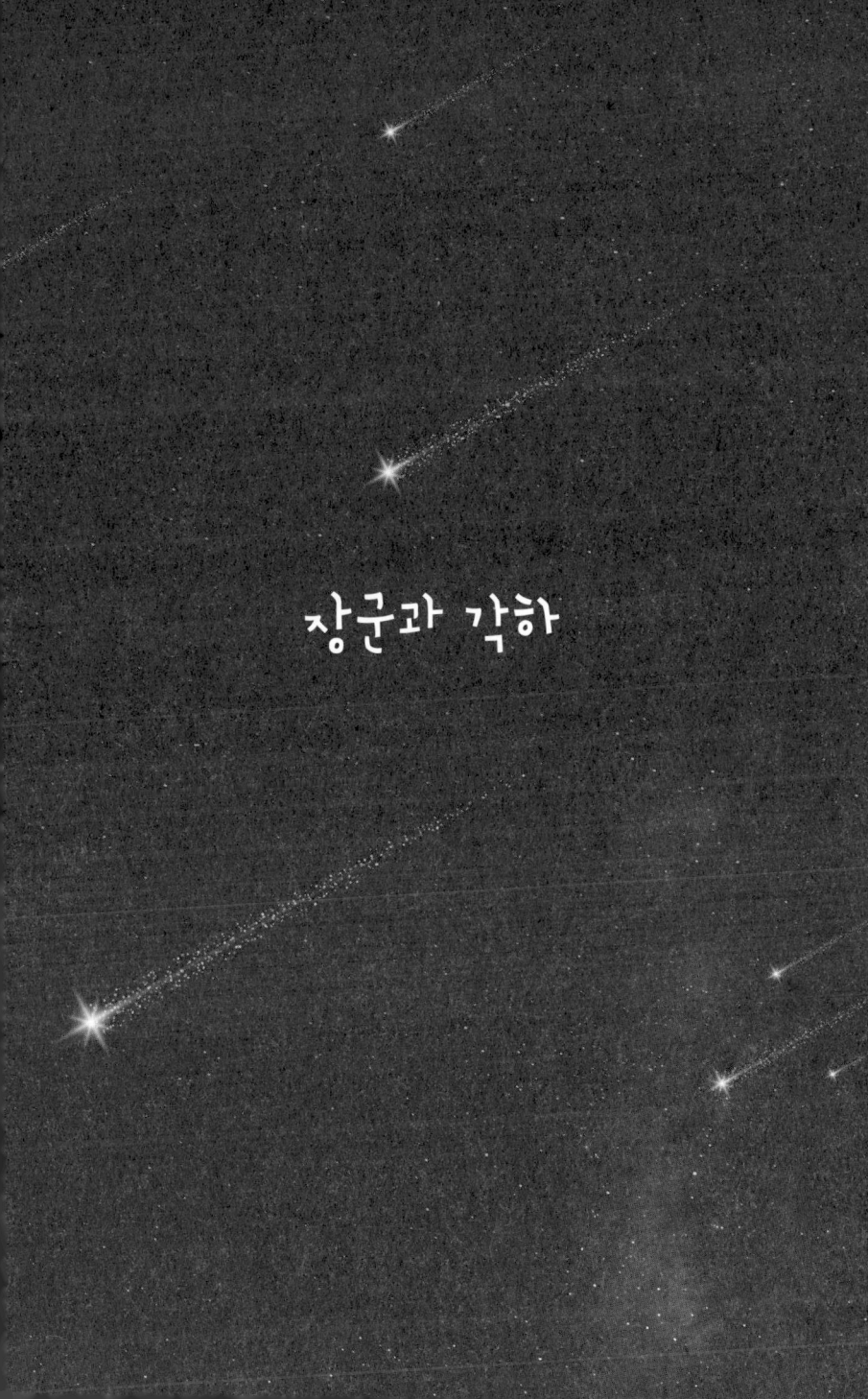

That Night

장군과 각하

　군용 지프 한 대가 한적한 시골길을 달리고 있었다. 길옆으로 군부대 표지판과 철조망이 종종 모습을 드러냈다. 진호는 창밖의 풍경을 바라보며 감회에 젖었다. 산에는 새잎이 돋아나는 나무들 사이사이로 연분홍 파스텔을 문지른 듯 진달래가 흐드러졌다. 늘에는 누렁소를 끌고 나온 농부가 쟁기질을 하고 있었다. 지게를 진 소년 몇이 깔깔대며 지나갔다. 드문드문 흩어진 민가에 연기가 피어오르고 있었다. 모두 진호의 눈에 익은 모습이었다. 화창한 일요일 아침, 종소리가 바람을 따라 은은하게 퍼져 나갔다. 멀리 마을 중앙의 야트막한 언덕에 서 있는 작은 교회가 그의 시야에 들어왔다.

　'이게 얼마 만인가.'

　진호의 마음 한편에 늘 자리 잡고 있었지만, 언제 다시 와 볼 수 있을까 하고 생각했던 곳이었다. 차는 천천히 교회 앞마당으로 들어섰다. 진호가 소년 시절에 다니던 교회였다. 해방 직후 선교사들에 의해 세워져 3년의 전쟁 속에서도 포화를 꿋꿋이 견뎌낸 이 교회는 옛 모습을 그대로 간직하고 있었다. 아직 예배 30분 전이었다. 정진호 대령은 운전병에게 대기하도록 지시하고, 아내와 두 딸과 함께 교회 뒤편에 있는 사택으로 갔다.

"오, 진호야! 편지 잘 보았다. 기다리고 있었어. 잘 지냈느냐?"

"예, 잘 지냈습니다. 목사님께서도 안녕하신지요, 사모님께서도 잘 지내시고요?"

"그럼, 그럼. 둘 다 하나님 은혜로 아주 안녕하지."

영화의 면류관처럼 윤기 있는 백발의 윤 목사는 진호의 손을 힘 있게 잡았다. 마음의 따스함까지 피부로 전해졌다.

"모친 장례식 이후로 처음이니 벌써 10년이 흘렀군그래. 세월이 참 빨라. 그땐 아이들이 꼬마였는데 이제 아주 예쁘게 자랐구먼. 시집가도 되겠어."

진호가 어렸을 적 부임한 윤 목사는 이 교회에서 올해로 33년째 목회를 하고 있었다. 윤 목사는 어린아이임에도 신앙이 깊었던 진호를 친자식 이상으로 사랑해 주었다. 어린 진호도 윤 목사를 아버지처럼 따랐다. 그들은 마치 바울과 디모데 같은 관계였다. 사관학교 입학 때에도, 임관 때에도 서울까지 와서 축하해 주던 윤 목사였다. 진호가 후방에 배치되었을 때에는 서로 만나기 어려웠지만, 수시로 편지를 교환하며 안부도 전하고 기도를 부탁하는 등 신앙의 교제를 해왔던 것이었다.

"어디 편찮으신 데는 없으시죠?"

"아, 이 사람, 나는 믿음과 건강 빼면 시체야. 허허허."

윤 목사는 너털웃음을 터뜨렸다. 그는 진호의 가족에게 차를 직접 따라 주었다.

"아참, 진호야. 진급 정말 축하한다."

"감사합니다. 모두 목사님께서 기도해 주신 덕분이죠."

"전부 하나님의 은혜지."

⹋

진호는 진급 전까지 후방의 한 부대에서 대대장으로 근무했다. 그런데 그 부대에 부임한 지 얼마 안 되어 그는 이상한 점을 발견했다. 굵직한 군납 계약 여러 건이 터무니없이 비싼 금액으로 체결되어 있었는데, 납품히는 업체명은 달랐으나 대표의 이름이 전부 똑같았던 것이었다. 정진호 중령은 회계를 담당하던 참모를 불러다 그 수상한 계약들에 대해 추궁했다.

"그, 그게 사단장님이 지시하셔서…."

참모는 머뭇거리다 말했다. 사단장은 거물 정치인들과도 친분이 있어 다음 인사에서 중장 진급이 거의 확실시되는 인물이었다. 진호는 집으로 돌아가 이 일에 대해 생각하며 하나님께 질문하는 기도를 했다. 그때 그의 마음속에 말씀 하나가 떠올랐다.

속이는 저울은 여호와께서 미워하셔도
공평한 추는 그가 기뻐하시느니라

잠11:1, 개역한글

기도를 마치고 나서도 한참 동안 그 말씀은 진호의 뇌리에서 떠나지 않았다. 그는 이후의 모든 계약에서 그 업체들을 배제하도록 참모들에게 지시했다. 사단 예하 대대장들은 정진호 중령이 다음 진급에서 배제될 것이 틀림없다며 수군거렸다. 그런데 그해 말, 쿠데타가 일어났다. 치밀한 계획을 세운 쿠데타군은 순식간에 국방부와 육군 본부를 접수하고 군 수뇌부를 체포했다. 군부를 장악한 쿠데타군 사령관은 정적 제거를 위해 곧바로 대대적인 감사에 착수했다. 이때 진호의 직속 사단장은 비리 혐의로 헌병대에 연행되었고, 결국 불명예 전역을 하게 되었다. 그리고 진호는 대령 진급자 명단에 이름을 올리게 된 것이었다.

※※※

"천성을 향해 가는 성도들아, 앞길의 장애를 두려말아라. 성령이 너를 인도하시리니 왜 지체를 하고 있느냐. 앞으로 앞으로 천성을 향해 나가세, 천성 문만 바라고 나가세. 모든 천사 너희를 영접하러 문 앞에 기다려 서 있네."

풍금 반주에 맞추어 100명 남짓한 성도들이 찬송가를 힘차게 불렀다. 장로의 대표 기도와 성경 봉독이 이어졌다. 다니엘 3장의 일부를 윤 목사와 성도가 동시에 함께 읽었다.

"사드락과 메삭과 아벳느고가 왕에게 대답하여 가로되 느부갓네살이여 우리가 이 일에 대하여 왕에게 대답할 필요가 없나이다 만일 그럴 것이면 왕이여 우리가 섬기는 우리 하나님이 우리를 극렬히 타는 풀무 가운데서 능히 건져내시겠고 왕의 손에서도 건져내시리이다 그리 아니하실찌라도 왕이여 우리가 왕의 신들을 섬기지도 아니하고 왕의 세우신 금 신상에게 절하지도 아니할 줄을 아옵소서단3:16~18, 개역한글."

성경 봉독 후에는 성가대가 일어났다. 낯이 익은 얼굴 여럿이 진호의 눈에 들어왔다. 젊은 집사의 지휘에 맞춘 찬양의 아름다운 화음이 예배당 가득 울려 퍼졌다. 이윽고 성의를 입은 윤 목사가 강대상 앞에 섰다. 성도들의 좌석과 강대상은 거리가 가까웠다. 강단의 높이는 성도늘의 좌석이 있는 바낙과 서의 차이가 없있다. 윤 목사는 일흔에 가까운 나이인데도 허리나 어깨가 굽지 않고 꼿꼿했다. 주름은 나이에 걸맞은 정도였으나 깊게 패지 않았고 검버섯도 거의 없었다. 젊었을 때와 마찬가지로 안경도 쓰지 않았다. 그를 잘 모르는 사람들은 그의 나이를 열 살쯤 아래로 보았다. 그는 맑고 힘 있는 목소리로 주일 예배 설교를 시작했다.

"사랑하는 성도 여러분, 동정녀 마리아에게서 나신, 죄 없으신 예수 그리스도께서 십자가에서 피 흘려 죽으시고, 사흘 만에 부활하심으로 사탄의 권세에서 우리를 영원히 해방하셨습니다. 이 사실을 믿고 예수를 구원자로 받아들인 우리는 천국을 보장받은 하나님의 자녀들입니다. 오늘 우리가 살펴볼 바벨론과 바사(페르시아) 시대의 성경 인물들도 그랬습니다.

하나냐, 미사엘, 아사랴, 이 세 친구(그들의 바사 이름은 사드락, 메삭, 아벳느고)와 다니엘, 에스더와 모르드개 같은 사람들은 유다가 멸망하면서 바벨론으로 끌려간 사람들이거나 그 후손들입니다. 머나먼 이방 땅에서도 이 사람들은 조상 때부터 기다려온 구원자, 곧 그리스도께서 오실 것을 확실히 믿고 있었습니다.

그 증거가 성경에 나와 있습니다. 다니엘 2장에는 바벨론의 왕 느부갓네살이 한 꿈을 꾸고 번민하는 장면이 나옵니다. 그 꿈을 해석할 자가 없어 모두 죽게 되었을 때, 다니엘과 세 친구는 하나님께 기도합니다. 그때 하나님께서 다니엘에게 환상을 보여 주셔서 그 해석을 알게 하십니다. 그 꿈은 느부갓네살 왕과 그 이후 일어날 바사, 헬라, 로마 같은 나라들과 하나님께서 세우실 영원한 그리스도의 나라에 관한 것이었습니다. 이를 통해 우리는 다니엘과 세 친구가 오실 그리스도의 언약을 정확하게 알고 믿었다는 것을 알 수 있습니다.

또 에스더 4장에는 바사의 아하수에로 왕 때 그의 신하 하만이 세운 전 유다인 학살 계획을 모르드개가 왕비 에스더에게 알리는 장면이 나옵니다. 우리가 다 죽게 되었으니 왕비인 네가 나서서 우리를 구해 달라, 하고 말하는 것이 당연한 일입니다. 그런데 모르드개는 이상한 말을 합니다. '네가 나서지 않아도 유다인들은 죽임을 당하지 않을 것이다.'라고 말입니다. 모르드개는 그리스도께서 유다인의 후손으로 오실 것을 알고 믿었습니다. 만약 유다인이 모두 죽으면 그리스도께서 오실 거라는 하나님의 약속이 이루어지지 못합니다. 하나님께서 그리스도의 언약을 이루시기 위해 하만의 계획을 어떻게든 무너뜨리시리라고 생각했던 것입니다. 에스더도 마찬가지였기 때문에 왕 앞에 나아가 하만의 음모를 밝히겠다고 했습니다.

이 사람들은 반드시 이루어질 그리스도의 언약에 따라 행동하였습니다. 세 친구는 느부갓네살 왕이 세운 금 신상 앞에 절하지 않고 풀무불 속에 들어갔습니다. 다리오 왕이 하나님께 기도하는 자를 사자 굴에 넣는다는 법에 도장을 찍었는데도 다니엘은 평소에 하던 대로 기도하고 사자 굴에 들어갔습니다. 바사에서는 왕이 부르지 않았는데도 왕 앞에 나아가면 왕비라도 죽임을 당할 수 있었습니다. 에스더는 왕이 부르지 않았어도 그 앞에 나아갔습니다. 그럼 어떤 일들이 일어났는지 보도록 합시다."

윤 목사는 성경 몇 구절을 찾아 읽고 하나님의 말씀을 선택한 그 인물들이 어떻게 되었는지 성도들에게 말해 주었다.

"자, 그럼 지금부터는 강론을 시작하겠습니다."

'여전하시군.'

진호는 미소를 지었다. 윤 목사의 설교는 특이한 데가 있었다. 일반적인 설교처럼 처음부터 끝까지 일방적으로 메시지를 전달하는 방식이 아니었다. 그의 설교는 예나 지금이나 전반부에 메시지를 전달하고, 후반부에는 성도들의 생각을 끌어내기 위해 성도와 함께 묻고 답을 하면서 성경의 증거들을 확인하는 강론으로 진행되었다.

"세 친구나 다니엘, 에스더는 죽음이 두렵지 않았을까요?"

아무도 대답이 없자 윤 목사는 집사 한 명을 바라보며 물었다.

"박 집사님, 예수를 믿는다고 말하면 죽임을 당할 수 있는 위기에 처했다고 상상해 보시지요. 과연 두려운 마음이 들까요, 안 들까요?"

박 집사는 곤란한 표정으로 대답했다.

"글쎄요, 그런 상황을 당해 보지 않아서 잘 모르겠습니다. 하지만 아마 두렵지 않을까요?"

"다른 성도 분들도 한번 생각해 봅시다. 내가 다니엘이나 에스더와 같은 상황에 처한다면 두려움이 생길지, 안 생길지. 어디 손을 한번 들어보세요. 나는 두려움이 안 생길 것 같다?"

손을 드는 사람은 없었다.

"그럼 이번에는, 나는 두려움이 생길 것 같다?"

성도 몇 명이 손을 들자 다른 성도들도 슬그머니 손을 들었다. 윤 목사는 빙긋 웃으며 성도들을 둘러보았다.

"이제 손 내려도 됩니다. 사랑하는 성도 여러분, 우리 주님께서 십자가 죽음을 앞두고 어떤 심정이셨는지 성경에 기록되어 있습니다. 한번 찾아서 읽어 봅시다. 마태복음 26장 36절에서 39절입니다."

성도들은 성경을 펼쳐 그 구절을 찾기 시작했다.

"다 같이 읽어 봅시다."

"이에 예수께서 제자들과 함께 겟세마네라 하는 곳에 이르러 제자들에게 이르시되 내가 저기 가서 기도할 동안에 너희는 여기 앉아 있으라 하시고 베드로와 세베대의 두 아들을 데리고 가실쌔 고민하고 슬퍼하사 이에 말씀하시되 내 마음이 심히 고민하여 죽게 되었으니 너희는 여기 머물러 나와 함께 깨어 있으라 하시고 조금 나아가사 얼굴을 땅에 대시고 엎드려 기도하여 가라사대 내 아버지여 만일 할만하시거든 이 잔을 내게서 지나가게 하옵소서 그러나 나의 원대로 마옵시고 아버지의 원대로 하옵소서 하시고 마26:36~39, 개역한글."

"어떻습니까? 우리 주님께서도 죽음 앞에서 고민하고 슬퍼하셨다고 되어 있습니다. 예수님의 마음에도 두려움이 들어온 것입니다. 물론 예수께서는 완전한 하나님이시기 때문에 두려움 같은 것은 없습니다. 하지만 그분은 또한 완전한 인간으로서 우리 인간이 느낄 수 있는 감정들을 몸소 체험하신 것입니다. 이 말씀은 예수께서 두려움을 느끼셨다는 것을 이야기하려는 게 아니라, 죽음의 위기 앞에서 인간은 두려움을 느끼게 되기 마련이라는 점을 보여 주는 것입니다. 성경에는 '두려워 말라'는 말씀이 많습니다. 우리에게 두려움이 생기지 않는다면 이런 말씀을 주실 필요가 없겠지요. 두려움은 들어오게 되어 있습니다."

성도들은 고개를 끄덕였다.

"그럼, 두려움은 어디에서 오는 걸까요?"

"사탄에게서 오는 것입니다."

성도 하나가 손을 들고 윤 목사의 질문에 대답했다.

"그렇습니다. 우리 대적 마귀는 우리를 속이기 위해 두려움, 불안 같은 것을 가져다주지요. 마귀가 두려움을 가져다주는 것 자체를 막을 수는 없습니다. 그 두려움에 사로잡혀서 마귀가 원하는 선택을 해서는 안 되는 것이지요. 성경의 예를 들어보겠습니다. 민수기 13~14장을 보면 애굽에서 나와 가데스바네아에 도착한 이스라엘 백성이 나옵니다. 하나님께서 가나안에 정탐을 보내시는데, 열두 정탐꾼 중 열 명은 '그 땅에는 거인들이 살기 때문에 우리는 다 죽고 처자들은 사로잡힐 것이다.'라고 보고했습니다. 이때 이스라엘 백성은 어떤 선택을 했나요?"

"두려움에 사로잡힌 선택을 했습니다. 그들은 애굽으로 다시 돌아가자고 했습니다."

진호가 말했다.

"그럼 정탐꾼 중 나머지 두 사람, 여호수아와 갈렙은 어땠습니까?"

"그들은 두려움에 사로잡히지 않고 가나안 땅을 이스라엘에게 주었다는 하나님의 말씀을 선택했습니다."

진호가 또 대답했다.

"맞습니다. 그럼 왜 이런 차이가 생기는 걸까요?"

이 물음에는 아무도 대답을 하지 못했다. 윤 목사는 성도들을 한번 둘러본 후 말했다.

"그것은 영적인 성장의 차이 때문입니다. 하나님의 자녀가 된다는 건 죽었다가 다시 살아났다는 것, 즉 새 생명을 얻었다는 의미입니다. 새 생명이 태어나면 바로 어른이 되나요?"

"아니요, 자라야 어른이 되지요."

한 청년이 말했다.

"그렇지요. 우리는 자라나야 합니다. 영적 어린아이들은 두려움에 사로잡힌 선택을 하기 쉬워요. 하지만 영적으로 장성한 자는 두려움이 들어와도 어렵지 않게 하나님의 말씀을 선택합니다. 이스라엘 백성은 영적 어린아이에 머물렀지만, 여호수아와 갈렙은 장성한 자였던 것입니다."

"목사님, 그럼 어떻게 영적으로 성장할 수 있나요?"

또 다른 청년이 질문했다. 윤 목사는 그 질문을 기다렸다는 듯이 말했다.

"영적 성장과 관련하여 하나님께서는 제게 중요한 체험을 하게 하셨습니다. 그 이야기를 나누고자 합니다."

성도들의 눈빛이 반짝거렸다.

"한 30년 전쯤, 우리나라에 전쟁이 있었지요. 괴뢰군은 6월 25일 새벽에 38선을 넘었습니다. 저는 그날 새벽 기도회를 인도하려고 일어났는데 사이렌이 울리면서 멀리 포성이 들렸습니다. 큰일 났다 싶어 밖으로 나가 보니 몇몇 성도 분들이 교회로 오셨지요. 폭탄 터지는 소리가 점점 크게 들리는 것 같아 성도 분들께

'괴뢰군이 밀고 들어올지 모르니 얼른 짐을 싸서 남쪽으로 내려가시라.' 하고 말했습니다. 안 보이는 성도들 집에도 찾아가서 깨웠지요. 다행히 마을 사람은 거의 다 대피를 했습니다. 그렇지만 저희 가족은 교회를 버릴 수 없어 남아 있었습니다."

진호도 그때의 기억을 잊을 수 없었다. 아침에 옷도 제대로 입지 못하고 아버지, 어머니, 삼 형제 다섯 식구가 급하게 고향을 떠나던 그날을. 진호의 가족은 백 리나 떨어진 서울로 피란을 갔다. 설마 수도가 함락되랴 싶었고, 또 서울에는 친척도 살고 있었기 때문이었다. 이틀 만에 어렵사리 도착했으나 서울은 개전 사흘 만에 적의 손에 떨어졌고, 국군과 유엔군이 서울을 수복하기 전까지는 숨죽이고 살아야 했다. 당시 중학생 나이였던 진호는 휴전이 되고 나서야 고향으로 돌아올 수 있었다.

"며칠이 지난 후, 교회에서 기도하고 있었는데, 괴뢰군들이 들이닥쳤습니다. 병사 하나가 교회로 들어와 제 가슴에 소총을 겨누고는 예수를 믿느냐고 물었습니다. 그 순간, 제 마음속에는 믿지 않는다, 라고 대답하자는 생각이 강하게 들었습니다. 죽음이 두려웠기 때문입니다. 살고 싶었기 때문입니다. 그런데 별안간 말씀이 하나 떠올랐습니다. 예수께서 가라사대 나는 부활이요 생명이니 나를 믿는 자는 죽어도 살겠고 무릇 살아서 나를 믿는 자는 영원히 죽지 아니하리니 이것을 네가 믿느냐요11:25~26, 개역한글. 그때, 목사인 내가 이것밖에 안 되는가, 죽음이 두렵다고 주님을 부인하려고 하다니, 하는 생각이 들어 눈물이 나는 것을 참을 수 없었습니다. 저는 말했습니다.

'나는 목사요. 나는 주 예수 그리스도를 믿소이다.'

그러자 그 병사는 밖으로 나가 누군가를 데려왔습니다. 괴뢰군 장교로 보이는 사람이었습니다. 그런데 그를 자세히 보니, 놀랍게도 아는 사람이었습니다. 오래전에 신학교에서 함께 공부했던 동무였습니다. 그도 나를 알아보았습니다. 그가 어떻게 괴뢰군이 되었는지는 모르겠습니다. 그는 저에게 교회를 창고로 쓸 예정이니 알아서 떠나라고 말했습니다. 그리고 다시 만나면 반드시 죽게 될 거라고 말했습니다. 저희 가족은 겨우 간단한 짐 몇 가지만 가진 채 병사들에게 끌려가 마을 밖으로 쫓겨났습니다. 어디로 갈지 몰라 기도하면서 무작정 걸어가고 있는데, 마음속에는 기쁨과 감사가 넘쳤습니다. 목숨을 건진 것 때문이 아니라, 죽음 앞에서 두려움에 사로잡힌 생각이 아닌 하나님의 말씀을 선택하도록 성령님께서 인도해 주셨기 때문이었습니다 하지만 또 한편으로는 하나냐, 미사엘, 아사랴, 이 세 친구처럼 왜 망설임 없이 말하지 못했을까, 하는 생각이 한참 동안 머릿속을 맴돌고 있었습니다."

성도들은 숨죽인 채 듣고 있었다.

"저희 가족은 길을 가다가 우리 마을에서 멀지 않은 곳에, 어떤 산 아래 있는 외딴집 하나를 발견했습니다. 살던 사람은 아마도 피란을 떠난 것 같았습니다. 급히 떠났는지 세간과 식량은 거의 남아 있었습니다. 그 집에서 여름을 보내고 가을이 되었습니다. 저는 미군 탱크가 지나가는 것을 보고 다시 교회로 돌아왔습니다.

교회는 멀쩡했고, 마을 사람들도 일부 돌아왔습니다. 그렇게 겨울이 되었는데, 또다시 괴뢰군들이 들어왔습니다. 병사들을 이끌고 온 것은 다름 아닌 그 동무였습니다. 그는 교회에 들어와 저를 끌고 나왔습니다. 그리고는 교회 앞마당에서 제게 직접 권총을 겨누며 말했습니다. '또 예수를 믿는다고 하면 지난번처럼 살려둘 수 없네. 어때, 예수를 믿는가?' 총구가 눈앞에 보이니까 두려움이 생기긴 했지만, 그렇게 많이 두렵지는 않았습니다. 이때 또 하나님의 말씀이 떠올랐습니다. 여호와는 나의 빛이요 나의 구원이시니 내가 누구를 두려워하리요 여호와는 내 생명의 능력이시니 내가 누구를 무서워하리요 나의 대적, 나의 원수된 행악자가 내 살을 먹으려고 내게로 왔다가 실족하여 넘어졌도다 군대가 나를 대적하여 진 칠지라도 내 마음이 두렵지 아니하며 전쟁이 일어나 나를 치려 할지라도 내가 오히려 안연하리로다시27:1~3, 개역한글. 저는 망설이지 않고 말했습니다. '나는 지금 죽어도 천국이 예비되어 있네. 안타까운 것은 자네야. 신학교에서 함께 공부했던 자네가 하나님이 없다고 하는 공산주의자가 되다니, 믿기지 않아. 자네를 위해 기도하겠네.' 그러자 그가 소리쳤습니다. '닥쳐, 윤 목사! 뭐? 하나님? 썩어 빠진 세상을 바꿀 수 있는 것은 혁명밖엔 없어. 예수고 천국이고 나발이고 다 개소리야. 그딴 게 당신 목숨을 살려 줄 수 있을 것 같아? 당신 목숨은 바로 내 손에 달려 있어. 그럼, 마지막으로 한 번만 더 묻지. 예수를 믿는가?' 저는 두려움을 물리치고, 그의 눈을 똑바로 바라보며 말했습니다. '하나님께서 나를 건지실 것이네. 하지만 그렇지 않다고 해도 상관없네. 나는 나를 위해 십자가에 피 흘려 죽으시고 부활하신 주님을 결코 부인할 수 없네.' 그 말을 마치자마자, 하늘에 폭격기 몇 대가 지나갔습니다. 이어서 굉장한 폭음이 들렸습니다. 충격이 몸을 때릴 정도였지요. 미군의 공습이었습니다. 그때 괴뢰군 병사 하나가 뛰어오며 '상좌님, 놈들이 몰려오고 있습니다!'라고 말했습니다. 그 동무는 저를 버려두고 재빨리 지프에 올라타더니 병사들과 함께 마을을 떠났습니다. 저는 교회에서 그 모습을 내려다보고 있었습니다. 그런데 또다시 폭격기가 날아와 수많은 폭탄을 투하했고, 폭탄 하나가 그 동무를 태운 차에 떨어져 폭발했지요…."

윤 목사는 강대상에 있던 물을 한 모금 마셨다.

"처음 죽음의 위기를 맞았을 때는 두려웠지만, 저는 올바른 선택을 하였고, 하나님께서 어떻게 하시는지 보게 되었습니다. 히브리서 5장 13절에 보면 영적인 어린아이는 '의의 말씀을 경험하지 못한 자'라고 되어 있습니다. 이 구절은 거꾸로 생각하면, 의의 말씀을 경험할 때 영적인 성장을 하게 된다는 것을 말하고 있습니다. 제가 두 번째 죽음의 위기에 처했을 때 두려움을 쉽게 이길 수 있었던 건 바로 이전에 하나님의 말씀을 경험했기 때문이었습니다."

성도 중에는 눈물을 흘리는 사람도 있었다. 윤 목사는 담담하게 말했다.

"성도 여러분, 하나님은 우리에게 다양한 위기와 어려움을 허락하십니다. 또 하나님은 이때 우리에게 말씀도 함께 주십니다. 두려워도, 괴로워도, 우리가 하나님의 말씀을 믿고 선택하면 놀라운 역사를 경험하게 됩니다. 그게 바로 우리를 영적으로 성장하게 하는 것입니다. 하나님은 우리를 사랑하시기 때문에 위기와 어려움을 주시는 것입니다."

여기저기서

"아멘!"

하는 소리가 들렸다.

"우리가 말씀을 경험하려면 먼저 하나님이 주시는 말씀을 받아야 합니다. 말씀을 받지도 않았는데 경험할 수는 없는 일이지요. 그럼 어떻게 받을 수 있을까요? 자, 다니엘을 보십시오. 다니엘 6장 10절에 보면, 다니엘은 죽는 줄 알면서도 전에 행하던 대로 하나님께 기도하였다, 라고 되어 있습니다. 사랑하는 성도 여러분, 평소에 예수 그리스도의 언약을 붙잡고 기도하고 있습니까? 평소에 성경을 읽고 말씀을 깊이 묵상하고 있습니까? 그렇다면 어떤 문제 앞에서도 두려움에 사로잡히지 않도록 하나님께서 말씀이 떠오르게 해주실 것입니다. 그리고 주님이 주신 힘으로 그 말씀을 선택하고 경험하게 될 것입니다."

⫷⫸

예배가 끝나고 진호는 관사로 돌아가 혼자 방에 들어갔다. 그리고 강론의 내용과 성경 구절들을 묵상했다. 주일 예배 후에 그가 늘

하는 일이었다. 이날 들었던 설교는 진호가 어렸을 때 종종 들어보았던 것이었다. 하지만 그 내용은 들을 때마다 새롭게 다가왔다.

진호는 특히 다니엘서에 관한 강론을 좋아했다. 그는 다니엘처럼 평소 하루에 세 번씩 하나님께 기도했는데, 새벽과 낮, 밤에 잠자기 전, 무슨 일이 있어도 기도 시간을 놓치지 않았다. 이는 그가 소년일 때, 윤 목사의 설교를 듣고 나서 하나님과 했었던 약속이었다. 그 시간에 그는 구원의 은혜에 감사하기도 하고, 성경 구절에서 놀라운 것을 깨닫기도 하였으며, 어려운 일을 앞두고 굉장한 지혜와 힘을 얻기도 했다. 그것은 무엇보다 세상이 알지 못하는 참 평안을 체험하는, 깊은 영적인 시간이었다. 그 시간을 위해서 진호는 특별한 일이 없는 한 항상 일찍 잠에 들었고, 술도 일절 마시지 않았다.

〰〰

진호가 진급과 동시에 부임한 곳은 서부전선에 배치된 한 전방 사단 예하 세 개 연대 중 하나였다. 연대 본부는 그의 고향 마을에서 차로 30~40분 거리에 있었다. 그는 새 부임지에서 맞이한 첫 주일에 고향의 교회에서 예배를 드렸던 것이었다.

진호는 본격적으로 연대장으로서의 근무를 시작했다. 그가 속한 사단의 임무는 휴전선과 가까운 지역의 경계 및 수색 작전이었다. 진호는 먼저 전면전과 국지전에 대비한 작전 계획을 살펴보고, 그의 연대 관할 지역의 지형과 적군 예상 침입로 등을 파악하기 위해 자주 시찰을 나갔다. 이 지역은 몇 년 전, 청와대를 노린 무장간첩들이 침투했을 때 거의 무방비나 다름없이 뚫렸던 곳이었다. 이후 경계를 강화했으나 진호가 보기에는 허술한 점이 많았다. 산이나 바위 같은 자연적 엄폐물로 인한 사각지대를 감시하는 시설이 턱없이 부족했다. 경계 철책은 녹슬었거나 단단하게 고정되지 않았고 잡초와 덩굴로 뒤덮여 있는 곳도 있었다. 주요 지점에 있어야 할 초소는 아예 없거나 엉뚱한 위치에 세워져 있었다. 사병들의 군기도 해이했다. 군을 장악하는 데 성공한 쿠데타군 사령관이 간선으로 대통령이 된 이후 군대의 충성심을 얻기 위해 특별 보너스와 휴가를 남발했기 때문이었다.

진호는 처음 참석한 사단의 작전 회의에서 초소와 망루의 증설을 건의했다. 그러자 사단장이 말했다.

"정 대령, 이번에 처음 연대장이 돼서 염려가 많은 것은 이해하네. 그렇지만 너무 걱정하지 말게. 우리 사단의 방어 능력은 전방 사단 중에 최고라고 자부해도 될 정도야. 안 그런가, 김 대령?"

진호의 선배인 김 대령은 맞장구를 쳤다.

"물론입니다, 사단장님. 지금 있는 것으로도 충분합니다. 뭘 더 만들어 보았자 쓸데없는 예산 낭비입니다."

다른 선배 연대장과 후배 장교들도 대부분 김 대령과 같은 입장이었다. 진호는 기도 시간에 이 일에 대하여 계속 생각하며 하나님께 질문했다. 며칠 후, 성경을 읽던 그의 눈에 다음의 구절이 들어왔다.

> 나 여호와가 너를 항상 인도하여
> 마른 곳에서도 네 영혼을 만족케 하며 네 뼈를 견고케 하리니
> 너는 물댄 동산 같겠고 물이 끊어지지 아니하는 샘 같을 것이라
> 네게서 날 자들이 오래 황폐된 곳들을 다시 세울 것이며
> 너는 역대의 파괴된 기초를 쌓으리니 너를 일컬어
> 무너진 데를 수보하는 자라 할 것이며
> 길을 수축하여 거할 곳이 되게 하는 자라 하리라
>
> 사58:11~12, 개역한글

'그래, 무너진 신앙을 고치고 손보는 것이 성도에게 마땅하듯이 느슨한 경계 태세를 수보하는 것은 군인에게 당연한 일이지.'

진호는 그의 연대만이라도 대비를 해야겠다고 생각했다. 그는 임부택 장군을 떠올렸다. 임부택 장군은 한국 전쟁이 터지기 전, 미리 38선 방어 진지와 참호를 구축하고 강도 높은 훈련을 실시하여 개전 초기 춘천 지역에서 인민군의 남하를 지연시켰다. 이 전쟁 영웅에 관한 이야기는 진호가 사관학교 시절에 귀가 닳도록 들은 바였다. 진호는 경계 철책의 수리와 시야 확보를 위한 제초 작업을 지시했다. 또 기존 작전 계획 외에 추가적으로 다양한 적군 침투 대응 시나리오와 매뉴얼을 작성했다. 그는 병사들의 불필요한 휴가를 제한하고 전시를 대비한 실전 훈련을 실시했다. 이로 인해 처음에는 병사들의 불만이 많았다. 진호는 훈련 중에 병사들과 함께 뛰어다니고, 숙영할 때도 같은 천막에서 잤다. 다른 지휘

관들과는 달리 그는 병사들의 이름을 알고 불러주며 그들의 고향이라든가 가족 등 개인 신상에도 관심을 가졌다. 연대장의 인간적인 면모에 감동한 병사들의 불만은 금방 수그러들었고, 그들은 정진호 대령을 아버지처럼 따랐다.

⋙

그렇게 약 4개월이 지났다. 우리나라는 1988년 서울 올림픽 개최를 위해 총력을 기울이고 있었다. 쿠데타로 권력을 장악한 정부에 비우호적인 국민의 관심을 돌리는 방법으로는 올림픽과 같은 어마어마한 국제 행사의 유치가 제격이었다. 서울과 경합을 벌인 도시는 일본의 나고야^{Nagoya}였다. 한일 양국의 경제 규모 격차와 일본의 국제적인 인지도 때문에 많은 나라가 나고야의 승리를 점쳤다. 외신들은 남북의 대치 상황이 한국에 큰 리스크로 작용할 것이라고 예상했다. 하지만 우리에게 유리한 점도 있었다. 일부 나라들은 일본이 이미 1964년과 1972년, 하계 올림픽과 동계 올림픽을 개최했으므로 다른 나라에게 우선권을 주어야 한다고 주장했다. 또 미국은 일본의 올림픽 개최를 노골적으로 반대했다. 일본의 급속한 경제 성장이 자국의 산업에 악영향을 끼친다고 보았기 때문에 일본의 발전상을 홍보할 중요한 채널을 차단하기 위해 한국을 지지했다.

9월 하순의 어느 날, 진호는 늦은 시각까지 부대에 남아 있었다. 새로 작성한 시나리오의 적합성을 검토하기 위해서였다. 밤 9

시쯤 되어 퇴근하려고 사무실을 나서려는데 갑자기 일직 사령이 뛰어왔다.

"연대장님, 무장간첩이 침투했다고 합니다!"

진호는 급히 연대 간부들의 영내 대기를 지시하고, 병사들이 언제라도 출동할 수 있도록 준비시켰다. 곧 진돗개 하나(적의 침투가 예상되거나 적이 침투하는 상황에서 발령되는 국군의 전투준비태세 경보 중 가장 상위의 단계)가 발령되었다. 적은 진호가 속한 사단에서 제법 멀리 떨어진 임진강 인근에서 최초로 포착되었다. 그런데 이후 열두 시간이 지나도록 행방이 묘연했다. 사단에는 비상이 걸렸다. 사단장이 출동 명령을 내려 예하 부대들은 수색에 나섰다. 진호도 수색 부대를 직접 지휘하여 적을 찾으러 나갔다. 수천의 병력과 헬기가 동원되었으나 간첩들은 발견되지 않았다.

만 하루하고도 열 시간이 더 지나서야 드디어 적들이 아군의 감시망에 걸려들었다. 위치는 바로 정진호 대령의 연대 관할 지역에 속한 곳이었다. 진호가 지휘하는 부대는 신속히 이동하여 인근을 수색했다. 병사들은 그 근방에서 훈련을 계속해 왔기 때문에 지형에 매우 익숙했다. 동이 틀 무렵, 병사 하나가 산속에서 수상한 움직임을 포착했다. 진호는 곧바로 사격을 지시했다. 그러자 숨어 있던 적들이 대응 사격을 하며 튀어나왔다. 교전은 20분 정도 이어졌고, 마침내 간첩들은 도주하기 시작했다. 진호는 추격 명령을 내려 적들을 산 아래쪽으로 유인하는 한편, 일부 소대는 지름길로 내려가서 매복하도록 했다. 넓은 곳으로 나온 정진호 대령의 부대는 간첩들을 포위했고, 최초 보고 시각으로부터 서른여섯 시간 만에 상황은 종료되었다.

무장간첩은 총 여섯 명이었는데, 네 명은 사살되고 두 명은 진호가 쏜 권총에 다리를 맞고 투항했다. 아군의 피해는 하나도 없었다. 포로를 심문한 결과, 이들의 최종 목표는 놀랍게도 대통령 암살이었다. 남쪽에 암약하고 있는 고정간첩들과 접선하여 작전을 수행하려 했던 것이었다. 이 사건이 자칫 올림픽 유치에 결정적인 악영향을 미칠 수 있다고 판단한 대통령은 전 과정을 보안에 부쳤다. 그래서 이와 관련된 언론 보도는 없었고, 대부분의 국민들은 간첩이 내려왔었는지 전혀 몰랐다.

며칠 후, 서독의 도시 바덴바덴Baden-Baden에서 국제 올림픽 위원회 총회가 열렸다. 뉴스를 접한 시민들은 엄청난 감격에 휩싸였다. 서울이 나고야를 꺾고 1988년 하계 올림픽 개최지로 결정된 것이었다. 온 나라가 올림픽 열기로 후끈 달아올랐다. 대통령이 뛸 듯이 기뻐한 것은 두말할 필요가 없었다. 얼마 후, 진호와 그의 연대 소속 부대원들에게 1계급 특진 명령이 내려졌다.

※※※

11월의 첫 월요일 오후, 진호는 청와대로 들어섰다. 초병의 경비는 한 치의 흐트러짐도 없이 매우 철저했다. 적을 눈앞에 둔 전방의 초소보다도 훨씬 삼엄해 보였다. 분위기 때문인지 주위에는 벌레 한 마리도 얼씬거리지 않았다. 빈틈없는 몸수색을 거친 진호는 안내를 받아 대기 장소로 갔다. 파란 지붕의 웅장한 건물이 상당히 고압적인 자세로 세워져 있어 진호는 권력의 무게에 짓눌리는 느낌을 받았다.

권력은 거머쥐기도 어렵지만 지키는 것이 훨씬 더 어렵다. 문제는 그것이 사탄의 미끼라는 점이다. 성경은 사탄이 이 세상 정사와 권세의 배후에서 역사한다고 했다(엡6:12). 그 흉악한 존재는 오직 하나의 목적, 즉 인간의 파멸을 위해 권력을 수단으로 사용한다. 전쟁으로 모든 것이 파괴된, 회생 불가능해 보였던 이 나라를 올림픽 개최국으로 발전시킨 이전 집권자들의 눈부신 업적은 부정할 수 없는 역사적 사실이었다. 그러나 사람을 취하게 하고는 미꾸라지처럼 달아나는 권력을 어떻게든 움켜쥐려다가 세상을 흙탕물로 만들고, 그 자신들도 종국에는 무너진 것 역시 역사가 증거하는 바였다. 이곳의 새 주인은 과연 어떤 길을 가게 될까. 사리를 유시하기 위해 얼마나 많은 권모술수를 부리게 될까. 다니엘처럼 하나님의 뜻과 계획을 구하는 지도자를 하나님은 언제 이 나라에 허락하실까.

진호가 이런 생각을 하면서 기다리고 있는데, 안내인이 신임 장군들을 불렀다. 진급자들은 모두 영빈관으로 이동했다. 지은 지 얼마 안 된 훌륭한 건물이었다. 오후 2시, 준장 진급 신고식이 시작되었다.

"충성! 신고합니다. 대령 이 아무개 외 58명은 1981년 11월 2일부로 준장 진급을 명 받았습니다. 이에 신고합니다!"

진급자 중 쿠데타와 전혀 무관한 사람은 손에 꼽을 정도였다. 정진호 신임 준장도 그중 한 명이었다. 격려사를 마친 대통령은 신임 장성들 한 명 한 명과 악수를 했다. 무소불위의 권력 앞에서는 아무리 장군이라도 긴장하지 않을 수 없었다. 선배 기수부터 순서대로 서 있었기 때문에 진호의 차례는 맨 마지막이었다. 대통령은 다른 장군들에게는

"축하합니다."

라고 간단한 말로 인사할 뿐이었다. 그런데 진호에게는 개인 신상에 관해 물어보는 것이었다.

"정진호 장군은 나와 성이 같군요. 본관이 어떻게 되지요?"

"예, 각하. 제 본관은 청주입니다."

"오, 그래요? 본인도 청주 정씨인데, 전서공파 18대 손이지요. 돌림자가 '호'인가요?"

"그렇습니다, 각하."

"어허, 이거 본인이 아저씨뻘이군그래. 아무튼 본인이 이번에 정 장군 덕을 많이 봤어요. 김일성, 그 망할 놈의 개자식이 올림픽 개최에 재를 뿌리려고 했단 말이야. 하지만 우리나라에는 바로 정 장군이 있었던 거지. 정 장군의 노고를 진심으로 치하하는 바입니다."

"감사합니다, 각하. 모두 저희 부대원들 덕분입니다."

대통령은 진호의 어깨를 두드렸다. 사관학교 선배이기도 한 대통령은 왕이 장수들에게 하사하는 것처럼 신임 준장들에게 칼집에 용이 새겨진 커다란 보검을 한 자루씩 수여했다.

진호는 서울에 있는 육군 본부의 참모로 발령을 받았다. 그 때문에 고향 교회의 예배에 매주 참석하는 것이 어려워졌다. 그는 전에 하던 것처럼 윤 목사와 종종 편지를 주고받았다. 가끔은 일부러 시간을 내 고향을 찾았다. 서울에서 한 시간 반 정도면 갈 수 있었다.

진호가 육군 본부에서 근무하며 금세 가까워진 선배 장군 중에는 감찰실장인 조 소장도 있었다. 그는 기독신자로 육군 본부 안에서 신우회장을 맡고 있었다. 조 소장은 신우회에 새롭게 들어온 진호에게 자기가 출석하는 교회에 나가지 않겠느냐고 물었다. 서울 중심에 있는 대형 교회였다. 등록 교인이 거의 2만 명에 이르렀다. 진호는 대형 교회에 다녀본 적이 없었다. 그가 근무했던 부대들은 대도시와는 거리가 멀었던 탓에 그는 주로 인근의 작은 교회에서 신앙생활을 했다. 군인의 특성상 잦은 인사 발령으로 한 교회에서 오랫동안 머물기도 쉽지 않았다. 진호는 조 소장을 따라 그 교회에 나가 보기로 했다. 갑작스러운 서울 발령으로 어떤 교회를 다닐지 생각해 볼 틈도 없었고, 대형 교회의 영적인 분위기와 설교 말씀은 어떨까, 하는 호기심이 생겼기 때문이었다.

진호는 주일 아침에 가족과 함께 집을 나섰다. 교회는 집에서 도보로 30분 거리에 있었다. 교회가 가까워지자 성경책을 들고 걸어가는 사람들이 점점 많아졌다. 양복을 말쑥하게 차려입고 교회 입구에서 서로 악수를 하는 모습이 많이 보였다. 육군 본부만큼이나 커다란 예배당이었으나 교인의 수가 워낙 많아 한 번에 다 수용할 수 없었다. 그래서 같은 내용으로 예배를 네 차례 진행했다. 진호가 참석한 것은 9시의 첫 예배였다. 내부에 들어서자 화려한 조명을 받은 대리석 바닥이 번쩍거렸다. 좌석에 앉아 잠시 기도하고 성경을 읽는데, 곧 예배 시작을 알리는 종이 울렸다.

"성도 여러분, 우리는 예수님을 본받아 어려운 이웃을 돕고 친절을 베풀어야 합니다. 예수님이 갈릴리 호숫가에서 설교하실 때 5,000명이 넘는 사람이 모였습니다. 그때 무슨 일이 있었습니까? 예수님은 아무것도 먹지 못한 그들을 불쌍히 여기시고, 보리 떡 다섯 개와 물고기 두 마리로 배불리 먹이셨습니다. 이 말씀이 우리에게 가르쳐주는 것은 무엇입니까? 바로 예수님의 사랑입니다. 우리가 예수님처럼 가난하고 배고픈 사람들에게 착한 마음으로 다가가서 도와주면 믿지 않는 사람들이 보고 기독교인들은 착하구나, 나도 교회에 가 보아야겠구나, 이런 생각을 하게 되는 것입니다. 그러면 하늘에 계신 우리 하나님께서 가만히 계시겠습니까? 잘했다 칭찬하시고 삼십 배, 육십 배, 백 배의 축복을 내려 주시는 것입니다. 믿습니까?"

수천 명이나 되는 교인들이
"아멘!"
하고 큰 소리로 외쳤다. 건물이 다 울릴 정도였다.
"또 우리 하나님께서는 능력이 얼마나 대단한 분이십니까? 예전에 어떤 집사님이 찾아와서는 자녀가 대학교 입학 시험에 삼수를 하고 있는데 도통 성적이 안 오른다고 했습니다. 저는 그 집사님에게 말했습니다. '예수님께서 한 귀머거리에게 하셨던 일을 보십시오. 예수님께서 에바다, 하고 말씀하셨더니 귀가 열리지 않았습니까?' 에바다란 아람어로 열리라, 라는 말입니다. '집사님, 지금부터 자녀를 위해 기도할 때마다 이렇게 하십시오. 우리 자녀 대학문, 에바다!' 그 집사님이 몇 달 후에 찾아와서는, 그 기도를 매일 했는데 자녀가 정말로 대학에 철커덕 붙었다며, 역시 하나님 믿기를 잘했다고 말했습니다. 성도 여러분, 우리 하나님께서는 능력의 하나님이요, 축복의 하나님이십니다. 혹시 사업이 어렵습니까? 직장에서 승진이 잘 안 됩니까? 하나님을 믿고 이렇게 기도해 보십시오. 사업문, 에바다! 승진문, 에바다!"

교인들은 아까보다 더 크게

"아멘!"

하고 외치는 것이었다. 진호는 대형 교회란 이런 것인가, 하고 생각했다. 특히 하나님을 요술 램프나 알리바바 따위로 만들어 버린 설교에 안타까움을 넘어 비통함이 들 정도였다. 예배가 끝나고 진호가 집으로 돌아가려는데 누군가가 그를 불렀다. 뒤를 돌아보니 조 소장이었다.

"정 준장, 은혜 많이 받았지? 시간 좀 있나? 차나 한 잔 하세. 만나볼 분이 있어."

진호는 가족들을 먼저 집에 돌려보냈다. 조 소장이 진호를 데려간 곳은 종로에 있는 고급 다방인 비너스였다. 입구에 들어서자 커다란 어항 뒤편에 있는 자리에서 한 사람이 손을 흔들었다. 그는 조 소장과 악수를 했다.

"선배님, 이 친구는 이번에 특진으로 육본 발령받은 정진호 준장입니다. 오늘 우리 교회 예배에도 참석했습니다. 정 준장, 이 분은 수안사령관님이시네."

"처음 뵙겠습니다, 선배님."

진호는 정중히 인사했다.

"반갑네, 자네 이야기는 얼마 전 들었어. 진급 축하하네."

수도안전사령관은 첫 눈에 핸섬하고 신사다운 품위가 느껴지는 인물이었다. 남자다운 중저음의 목소리까지 갖춘 그는 군인이라기보다 차라리 영국의 공작이나 백작이 더 어울릴 것 같았다. 그는 대통령의 신임이 매우 높은 인물로, 중장이긴 하지만 실질적인 서열은 참모총장보다 위라는 말을 진호도 들어본 적이 있었다.

"선배님, 오늘 목사님 설교에 은혜 많이 받으셨습니까?"

조 소장이 물었다.

"아무렴, 우리 목사님 설교처럼 힘 있는 설교도 별로 없지. 그 뭐더라, 에바다? 하하하. 우리 같은 군인들한테는 이렇게 적용할 수 있겠군. 진급문, 에바다!"

"하하하! 정말 그렇게 적용하면 되겠습니다."

조 소장도 웃으며 말했다. 레지가 쌍화차를 가져왔다. 그녀는 수안사령관을 보고 나직하게 말했다.

"어머, 오랜만에 스타가 뜨셨네요?"

"미스 김, 못 본 사이에 더 예뻐졌는데?"

늘씬한 몸매의 레지는 고급 다방에 어울리는 양장 느낌의 무릎 위로 올라오는 스커트 차림이었다. 한 뼘 정도 옆트임이 있어 하얀 허벅지가 아슬아슬하게 드러났다. 사령관은 그쪽으로 곁눈질을 하더니 슬그머니 손을 올렸다. 레지는 싫지 않은 기색이었다. 그녀는 얼굴에 약간 홍조를 띤 채

"더 필요한 것 있으면 말씀하세요."

라고 말한 뒤 사령관의 손을 아래쪽으로 살짝 밀어내고는 가버렸다.

"그런데 정 준장, 자네 술 좀 하는가?"

사령관이 물었다.

"아닙니다. 저는 술을 마시지 않습니다."

"아무리 기독교인이라도 술을 아예 마시지 않으면 곤란한 일이 생길지도 모르네. 특히 이분께서는 술을 참 좋아하시지."

사령관은 엄지손가락을 들어 보였다.

"융통성을 좀 가지게. 계급이 올라갈수록 주님만 영접할 게 아니라 주(酒)님도 영접할 줄 알아야 해."

그는 술 마시는 시늉을 했다.

"조 소장, 내년 국안대회를 언제 할 거라는 얘기는 아직 없나?"

"예, 선배님. 본부에도 아직 말이 없습니다."

"작년엔 취임식 끝나고 했으니까 이맘때쯤이었지. 올해에는 5

월에 했었고. 점점 시기를 당겨 연초에 하려는 모양이야. 내 생각에는 아마도 내년 1월이나 2월에 하지 않을까 싶네."

"저도 그럴 것 같습니다. 선배님."

조 소장이 맞장구를 쳤다. 차를 다 마신 사령관이 자리에서 일어났다.

"원래 자네들하고 점심이나 같이 먹으려 했는데, 하필이면 아침에 처가에 일이 생겼다고 연락이 왔다네. 예배만 끝나고 금방 가겠다고 했어. 먼저 일어나게 돼서 미안하네."

"아닙니다, 선배님."

수안사령관을 배웅한 후 진호는 조 소장에게 국안대회가 무엇인지 물었다.

"아, 그거? 국가안보결의대회의 준말이지. 자네도 이제 별을 달았으니 내년부터는 참석하라고 연락이 올 걸세."

조 소장은 잠시 주위를 둘러보더니 나지막한 소리로 말했다.

"이름은 그렇지만 사실상 충성맹세식이지. 장성들이 전부 참석하게 될 거야. 거기서는 조용히 하라는 대로 하면 돼."

조 소장은 손을 내밀었다.

"자, 그럼 나도 집에 가 봐야겠네. 다음 주일에도 교회에서 보세."

"아, 선배님. 죄송한 말씀을 드려야겠습니다. 다니시는 교회로 저를 인도해 주셔서 감사하지만, 교회가 저랑은 좀 안 맞는 것 같습니다."

"그래? 왜 그런가?"

"제가 전부터 작은 교회만 다녀서 그런지, 그렇게 큰 예배당에, 수많은 사람이 있는 분위기가 제게는 좀 그렇습니다. 그래서 다음 주부터는 다른 교회로 가 보려고 합니다."

"허허, 아쉽지만 알겠네. 어쩔 수 없지. 그래도 신우회는 잘 나오게나."

"알겠습니다, 선배님."

진호는 20년 넘는 군 생활의 거의 대부분을 야전 부대에서 보냈다. 그래서 본부 근무가 처음에는 굉장히 생소하게 느껴졌다. 서울살이 역시 어색했다. 하지만 한 달 정도 지나자 업무와 분위기에 제법 적응이 되었다. 도시 생활에도 어느 정도 익숙해지고 있었다.

해가 바뀌고 1월 중순쯤 되자 장군들 사이에서 국가안보결의대회에 관한 얘기가 돌았다. 그러더니 며칠 후, 1월 마지막 주 토요일로 날짜가 정해졌다는 말이 들렸다. 참모총장은 본부에 근무하는 장성들을 모아 놓고 그날 무슨 일이 있어도 참석하라고 지시를 내렸다.

〽〽〽

1월 마지막 주에는 추위가 제법 풀렸으나 내내 날씨가 우중충했다. 짙은 회색 구름이 물을 잔뜩 먹은 솜처럼 무거워 보였다. 금요일이 되자 기온이 영상으로 올라갔고, 겨울비가 추적추적 내리다가 오후에는 그쳤다. 토요일에는 비는 내리지 않았으나 여전히 음산하고 우울한 날씨가 계속 이어졌다. 그날 저녁, 진호는 두 번째로 청와대를 방문했다. 이전보다 경계가 더욱 철통같았다. 초병은 실탄을 재어놓은 탄창이 장착된 소총을 들고 무표정한 얼굴로 경비를 서고 있었다.

청와대 안쪽의 넓은 뜰에는 행사 준비가 완료되어 있었다. 곳곳에 난로가 놓였고, 밤하늘을 수놓은 밝고 화려한 줄 전등 아래 300여 명이나 되는 육군 장성들을 위한 자리가 마련되었다. 중앙의 커다란 천막을 포위하듯 학익진의 형태로 배치된 자리에는 기수 순서대로 명패와 밥그릇만한 유리 술잔이 하나씩 놓였다. 정복 차림의 장군들은 각자 자기 자리 앞에 섰다. 천막에는 '국가안보기원제'라고 쓰인 현수막과 함께 고사상이 북악산 방향으로 차려져 있었다. 삶은 돼지머리가 장군들을 향해 거만한 미소를 지었다.

얼마 후, 장군들이 우레와 같은 박수를 치기 시작했다. 대통령이 보좌진을 대동하고 등장한 것이었다. 대통령은 말할 것도 없고, 장관이나 차관급 대우를 받는 청와대 관료들의 위세도 대단했다. 대부분 군인 출신인 그들의 눈 밖에 나면 진급이 어려울 수도 있었다.

국민의례 후에 국가안보기원제가 시작되었다. 대통령 비서관 하나가 촛불을 켰다. 그러자 대통령이 나와 분향을 하고 잔에 술을 따라 올린 뒤 재배를 했다. 이어 다른 비서관이 천지신명에게 국가와 정권의 번영을 기원하는 축문을 낭독한 후 불태우자 청와대 관료들 모두가 절을 했다. 그렇게 기원제가 끝나자 비서관들이 상에 올랐던 탁주를 가져와 장군들의 잔에 따르기 시작했다. 대통령 비서실장은 잔이 다 채워진 것을 확인한 후 마이크를 들었다.

"안녕하십니까, 존경하는 선배 여러분, 또한 후배 여러분. 오늘 이 자리에서 뵙게 되어 영광입니다. 우리 대한민국은 얼마 전, 일본에 이어 두 번째로 아시아에서 하계 올림픽 유치라는 쾌거를 이룩했습니다. 국민 소득도 2,000불 돌파를 목전에 두고 있습니다. 이러한 국가의 발전은 쉽게 이루어진 것이 아닙니다. 여러분을 포함한 우리 국민들의 노력과 나라의 지도자이신 대통령 각하 덕분입니다. 그런데 우리의 주적인 저 북괴 놈들은 오늘도 대한민국의 적화를 위해 끊임없는 시도를 하고 있습니다. 따라서 천하무적 육군을 이끄는 여러분들의 국가와 각하에 대한 충성이 무엇보다 필요합니다. 자, 그럼 국가와 각하에 대한 충성을 맹세하는 의미로 앞에 놓인 잔을 비우도록 하겠습니다. 모두 잔을 들어 주십시오. 대한민국과 각하를 위하여 건배!"

장군들은 일제히 건배를 외쳤다. 그리고는 얼마나 빨리 마시는지가 충성심의 척도인 양 경쟁하듯 단숨에 마셨다. 그런데 잔이 그대로 채워져 있는 사람이 딱 한 명 있었다. 바로 진호였다. 비서실장이 재빨리 다가와서 작지만 엄한 목소리로 말했다.

"대체 뭐하자는 겁니까? 얼른 비우지 않고!"

"저는 술을 마시지 않습니다."

진호는 담담하게 말했다. 장내는 찬물을 끼얹은 듯 조용해졌

다. 비서실장은 다급하고 낮은 목소리로

"야, 미쳤어? 어서 비워!"

라고 말했다. 진호는

"그럴 수 없습니다."

하고 단호하게 말했다. 이때 상황을 지켜보던 대통령이 천천히 진호의 자리 쪽으로 걸어왔다. 장군들은 등에 독충이라도 붙은 듯 꼼짝하지 못한 채 대통령의 움직임에 따라 멀뚱멀뚱 시선만 옮길 뿐이었다. 대통령은 진호 앞에 섰다.

"정진호 장군, 술을 마시지 못하는 무슨 이유라도 있는 거요?"

"각하, 저는 기독신자입니다. 고사에 사용한 술을 마실 수는 없습니다."

2~3초 정도의 짧은 정적이 흘렀다. 대통령은 별안간 너털웃음을 터뜨렸다.

"허허허, 우리 정 장군은 예수 믿는 사람이로구먼. 그래, 이해해요. 우상 숭배 뭐, 그런 얘기겠지요. 그럼 고사에 사용한 술 말고 다른 술을 줄 테니 받아요. 최 실장! 여기 위스키 좋은 것으로 한 병 가져와요."

비서실장은 급히 부하에게 손짓했다. 그러자 진호가 말했다.

"각하, 저는 그냥 술도 마시지 않습니다."

그 순간, 대통령의 낯빛이 변했다. 웃음은 사라졌고, 눈썹이 움찔거렸다. 노여움을 애써 참는 듯했다. 그는 헛기침을 한 번 하더니 갑자기 자리를 떴다. 경호원들이 신속히 대통령의 뒤를 따랐고, 이어 관료들도 따라갔다. 그들이 건물 안으로 사라지자 장내가 술렁거리기 시작했다. 잠시 후 비서관 하나가 나와서 마이크를 잡고 말했다.

"오늘 각하께서 심기가 매우 불편하시니 대회는 여기서 마무리하도록 하겠습니다."

청와대 직원들이 나와 천막을 걷고 자리를 정리하기 시작했다. 빗방울이 조금씩 떨어지더니 이내 빗줄기가 굵어졌다. 장군들은 어쩔 도리 없이 청와대 정문 쪽으로 빠르게 걸어 나갔다. 자기에게 불똥이 튈까 염려가 되었는지 그 누구도 정진호 준장 근처로는 오지 않았다. 수안사령관은 혼자 걸어가는 그를 보고 조 소장에게 작은 소리로 말했다.

"저 친구, 금방 군복 벗게 생겼어."

※※

일상은 전처럼 아무렇지 않게 흘러갔다. 하지만 육군 본부의 장군들은 긴장한 채 청와대의 소식에 촉각을 곤두세우고 있었다. 참모총장은 진호를 따로 불러 질책했다.

"정 준장, 아무리 기독교인이라도 그렇지, 그 중요한 자리에서 무슨 경거망동인가? 본부의 장인 내 체면이 뭐가 되느냔 말이야. 아마 자네의 거취와 관련해서 조만간 청와대의 연락이 있을 것 같은데, 근신하고 있게."

조 소장도 진호를 찾아와 말했다.

"이 사람아, 지난번에 수안사령관님께서도 말씀하시지 않았는가? 자네는 사람은 참 좋은데 아무래도 융통성을 좀 배워야 할 것 같네."

며칠 후, 청와대에서 연락이 왔다. 참모총장실로 전화가 걸려 온 것이었다. 총장은 진호를 불러 다음 날 오전에 청와대에 다녀오라고 했다. 세 번째 방문이었다. 진호는 자신의 행동이 이런 결과를 가져올 것이라고 충분히 예상했다. 하지만 그렇다고 우상 숭배에 쓰인 술을 마실 수는 없었다. 위스키 역시 마실 수 없었다. 그는 세상과의 타협이 자기 생명보다 소중한 하나님을 슬프게 하는 것이라고 생각했다.

그에게는 하나님과의 약속이 세상 무엇보다 중요했다. 물론 그날 대통령이 다가와서 물었을 때, 두려움이 없었던 것은 아니었다. 고사에 사용한 술은 그렇다 쳐도 우상 숭배와 관계없는 위스키는 받아 마셔도 되지 않을까, 하고 순간적으로 마음에 갈등도 일어났었다. 그런데 그때, 고향 교회의 강론 내용이 떠올랐다. 느부갓네살 왕 앞에서 우상 숭배를 거부한 세 친구, 사자 굴에 들어갈 것을 알면서도 하나님께 기도했던 다니엘, 죽으면 죽겠다고 했던 에스더, 그들에 관한 말씀이 생각난 것이었다. 진호는 하나님께서 떠오르게 해 주신 말씀을 붙잡고 두려움을 물리쳤다. 아무도 알아차리지 못했던 것은, 그날 축축하게 내리는 비를 맞으며 집으로 돌아가던 진호의 마음에 기쁨과 감사가 넘쳐흘렀다는 점이었다. 어떤 결과가 나타날지 알 수는 없었으나 자신이 하나님의 말씀을 선택했다는 사실만으로도 그는 놀라운 환희에 사로잡혔던 것이었다. 그랬기 때문에 안내를 받아 대통령 집무실로 가고 있는 상황에도 대통령의 노여움이나 자신의 거취 따위는 큰 문제가 되지 않았다.

대통령은 안내인을 내보내고 진호와 독대를 했다. 의자에 앉은 대통령 뒤로 금칠한 봉황 두 마리와 무궁화가 보였다. 진호는 차렷 자세로 서 있었다. 대통령은 잠시 진호의 눈을 응시하다가 입을 뗐다.

"정 장군, 저번에는 본인이 경황이 없어 묻지를 못했어요. 기독교인이라 우상 숭배에 사용한 술을 마시지 않는 건 그렇다고 합시다. 그러나 본인이 주는 술까지 마시지 않겠다고 하니, 무슨 까닭이 있어서 그러는지 들어나 봅시다."

"예, 각하. 그것은 하나님과의 약속 때문입니다."

"하나님과의 약속?"

"그렇습니다, 각하. 저는 어린 시절에 무슨 일이 있어도 하루에 세 번 기도하기로 하나님과 약속을 했습니다. 지금까지 항상 지켜 온 것입니다. 술을 마시면 정신이 흐트러지기 때문에 기도에 방해가 됩니다. 그래서 술을 마실 수 없습니다."

"허허, 정 장군은 참 별난 사람이군요. 육본 감찰실장이나 수안 사령관도 기독교인으로 알고 있는데, 그 친구들은 술을 잘만 마시더구먼. 특히 수안사령관, 그놈은 점잖게 보이지만 아주 말술이야."

"다른 신자들은 어떤지 몰라도 저는 마시지 않습니다."

대통령은 불쾌한 기색이 역력했다.

"허, 그것참. 정 장군, 그럼 본인이 한 가지 단도직입적으로 묻겠어요. 하나님과의 약속이 중요합니까, 아니면 대통령의 명령이 중요합니까?"

"각하의 명령은 물론 중요합니다. 그러나 하나님과의 약속이 저에게는 가장 중요합니다."

"알겠습니다, 정 장군. 그만 나가봐요."

진호는 육군 본부로 돌아갔다. 그는 사무실에 틀어박혀 잠시 생각에 잠겼다. 대통령의 태도로 보아 이제 진급은커녕 군 생활도 끝인 것 같았다. 그가 평생을 몸담았던 군대였다. 군사 정권 하에서 대통령에게 밉보였으니 제대하고 나면 받아 주는 곳도 없을 것이다. 이제 무슨 일을 해야 할까. 올해 대학에 입학하는 첫째 등록금은 어떻게 해야 할까. 둘째도 2년 후에는 대학에 갈 텐데…. 진호가 방심하고 있는 틈을 타 이러한 생각들이 연속적으로 날아와 마음에 꽂히기 시작했다.

'하, 요놈 봐라.'

그는 눈에 보이지 않는 불화살을 쏘아 대는 어둠의 존재를 인식했다. 그것은 어떻게든 진호를 속여 무너뜨리기 위해 미친 듯이 발악하고 있었다. 진호는 곧바로 성령의 검, 곧 하나님의 말씀을 뽑아 들었다.

그러므로 염려하여 이르기를 무엇을 먹을까 무엇을 마실까
무엇을 입을까 하지 말라 이는 다 이방인들이 구하는 것이라
너희 천부께서 이 모든 것이 너희에게 있어야 할 줄을 아시느니라
너희는 먼저 그의 나라와 그의 의를 구하라
그리하면 이 모든 것을 너희에게 더하시리라
마6:31~33

평안을 너희에게 끼치노니 곧 나의 평안을 너희에게 주노라
내가 너희에게 주는 것은 세상이 주는 것 같지 아니하니라
너희는 마음에 근심도 말고 두려워하지도 말라
요14:27

 그는 거짓의 목소리를 향해 검을 겨누고 즉시 그 심장부를 깊숙이 찔렀다. 그러자 모든 염려는 연기처럼 흩어서 사라졌고, 진호는 평정을 되찾았다.
 '분명 하나님의 뜻과 계획이 있다.'
 그는 육군 본부 안에 있는 자기의 기도처로 갔다. 점심을 거른 채 평소보다 더 길게, 더 깊이 영적인 세계로 들어갔다.

※

 이틀 후, 오전에 정진호 준장을 찾는 전화가 걸려왔다. 대통령 비서실장이었다. 권위적인 목소리가 전화선을 타고 들려 왔다.

"최 실장이오. 오늘 오후 2시에 출장 내고 시청 앞에 조선호텔 커피숍으로 오시오. 참모총장한테는 얘기해 뒀으니까."

진호는 택시를 타고 호텔로 갔다. 하필이면 이날따라 차가 굉장히 막혔다. 그 바람에 일찍 나왔는데도 15분 정도 늦게 도착했다. 최 실장은 커피숍 제일 안쪽 자리에서 담배를 태우고 있었다. 진호는 그쪽으로 다가갔다.

"정 준장, 많이 늦었군. 아무튼 여기 앉으시오."

진호가 자리에 앉자 최 실장은 담배를 재떨이에 비벼 껐다. 그는 심각한 얼굴로 나지막하게 말했다.

"각하께서 당신, 군복 벗으라고 하셨소."

올 것이 왔다고 진호는 생각했다. 그러나 주눅 들지 않았다.

"예, 알겠습니다. 각하의 말씀이니 따르겠습니다."

"그리고."

최 실장이 진호의 말을 끊었다.

"내일부터는 청와대로 출근하시오."

"예? 무슨 말씀이신지…."

"각하께서 당신을 경호실장으로 임명하셨소. 장관급이니 관용차가 제공될 거요. 내일 아침에 그거 타고 오시오. 그리고 각하께서 이 말을 전해 주라고 하셨소. 본인께서 젊은 시절에 교회를 다닌 적이 있는데, 타락해서 지금은 안 가고 있지만, 다시 나가고 싶으시다고. 정진호 준장은 나이롱이 아니라 진짜 신자인 모양이니 본인을 다시 신자로 좀 만들어 달라고 말이오."

할렐루야

That Night

할렐루야

영숙은 터덜터덜 증권사 문을 나섰다. 그녀의 손에는 주식 계좌 통장이 들려 있었다. 남편 몰래 조금씩 모아 두었던 돈 500만 원으로 시작한 투자였다. 잔고는 어느새 절반 이하로 줄어 있었다. 하루가 멀다 하고 상승세를 보이던 주식시장은 영숙과 같은 아줌마들까지 끌어들였다. 종합주가지수가 2,000을 넘자, 증권사들은 '3,000을 넘어 4,000으로' 등과 같은 제목의 장밋빛 리포트를 앞다투어 내놓았다. 영숙도 초반에는 100만 원 정도 벌었다. 하지만 그것도 잠시, 미국의 서브프라임 모기지Subprime mortgage loan 관련 뉴스가 나오자마자 주식시장은 급격하게 출렁였다. 리먼브라더스Lehman Brothers가 파산했다는 소식이 들려왔고, 거의 모든 종목의 시세는 번지 점프를 하듯 수직 하강했다. 증권사들은 빨리 팔아달라는 전화로 업무가 마비될 정도였다. 투자자들은 연일 이어지는 파란색 화살표를 보며 절망에 휩싸였다. 영숙은 겨우 200만 원을 건졌다.

'짜증나, 정말. 왜 하는 것마다 잘 안되는 거죠, 하나님?'

그녀는 교회 권사였다. 습관처럼 여기저기 '하나님' 소리를 갖다 붙였으나, 그래도 뭐 하나 그녀가 기대하는 것처럼 순탄하게 잘 풀리는 일은 없었다.

요새 그녀에게 괴롭고 답답한 일이 더욱 많아졌다. 올해 들어서 남편이 운영하는 가게에 통 손님이 없었다. 가게는 엄청 잘 되는 건 아니었으나 외환 위기 때도 버텨냈을 만큼 그럭저럭 안정적이었다. 주위에서 금융위기니 뭐니, 하고 떠들어댔지만, 사실 진짜 문제는 새로운 경쟁자들이었다. 최근에 소비자의 트렌드가 급격하게 변했고, 이를 따라가지 못하는 업체들은 도태될 수밖에 없는 상황이었다. 가게 건물이 남편 명의로 되어 있어 월세를 내지 않아도 되는 것은 그나마 다행이었으나 몇 달이 지나도록 수입이 거의 없다시피 했다. 남편은 벌써 넉 달 째 생활비를 주지 않았다. 부부간의 애정은 일절 남아 있지 않았으나 그래도 남편이 생활비를 주지 않은 적은 없었다. 영숙은 저축해 두었던 돈으로 살림을 꾸려야 했다. 남편은 별 대책도 없으면서 요새 장사를 접을까 하는 생각을 자주 비쳤다.

자식이라고는 아들 하나밖에 없는데, 힘들게 키워 대학까지 졸업시켰더니 1년이 넘게 취업을 하지 못해 빌빌거렸다. 그래도 뭐가 그렇게 당당한지 용돈은 꼬박꼬박 받아갔다. 취업을 놓고 하나

님께 기도하라고 하면

"그놈의 하나님 소리 좀 그만해. 엄마가 하나님 믿어서 뭐 하나 잘된 거라도 있어? 그리고 엄마, 사실 하나님 잘 믿지도 않잖아."

라고 말대꾸나 해댔다. 아들은 어릴 때 교회에 잘 따라다녔다. 하지만 대학교를 타지로 보냈더니 그때부터는 아예 교회와 담을 쌓았다.

아들은 얼마 전 친구를 따라 일을 하러 간다고 말하고는 며칠 동안 집에 들어오지 않았다. 영숙은 걱정이 되어 전화를 걸어보았으나 계속 연결이 되지 않아 결국 실종 신고를 했다. 경찰이 마침내 그를 찾아냈는데, 아들은 한 불법 다단계 업체에서 합숙하며 판매원으로 일하고 있었다. 할당된 실적을 채우기 위해 모은 돈을 전부 쏟아붓고, 대부업체에 빚까지 진 상태였다. 그래도 채무액은 그리 많지 않았고, 아들은 더이상 이런 짓을 하지 않겠다고 다짐까지 했으나, 영숙은 몹시 속이 상했다.

언제부터인가 교회에서 기도하는 것 외에 그녀는 개인적으로 거의 기도하지 않았다. 성경도 읽지 않았다. 예배드리러 가는 것도 사실 귀찮았다. 하지만 체면상 주일 예배에 빠지는 일은 거의 없었다. 교회에서 그녀는 거룩한 척을 하고 앉아서 열심히 성경을 읽고 기도하는 시늉을 했다. 최근에 교인 중 누군가가 어떻게 알았는지 영숙의 어려운 처지를 위로했더니

"하나님께 맡겼어요. 어떻게든 되겠지요."

라고 애써 태연한 척을 했다. 그러나 내면의 상태는 아무리 감

추려고 해도 알게 모르게 겉으로 드러나기 마련이었다. 성도들과 대화할 때 영숙은 하나님 말씀을 나누기보다는 돈과 관련된 이야기를 하는 경우가 많았다. 돈이 아까워 헌금도 줄였다. 교회 안에서 근거 없는 소문을 듣고는 남의 흉을 보기도 하고, 별것 아닌 일로 쉽게 토라지기도 했다. 한번은 예배가 끝나고 영숙이 인사를 했는데 목사님이 바빠서 응대를 못하자, 섭섭해서 한동안 목사님과 말을 섞지 않았다.

물론 영숙에게 구원에 대한 믿음이 아예 없는 것은 아니었다. 신앙의 면류관이라고 할 수 있는 권사의 직분이 오히려 거추장스럽게 느껴질 정도였지만, 그와 동시에 신앙은 그녀에게 인생의 유일한 버팀목이었다. 그마저 부정당하면 그녀는 완전히 무너져 버릴 것이 틀림없었다. 영숙은 믿음이 약한 사람들에게 지나치게 비판적인 태도를 보였는데, 이는 자신의 연약한 믿음을 감추기 위한 방어 기제가 작용했기 때문이었다.

영숙은 너무 지쳤다. 신앙생활의 무기력과 고달픈 삶이 그녀를 후회에 사로잡히도록 이끄는 것은 어쩌면 당연한 일이었다. 그녀가 제일 후회하는 것은 단연 결혼이었다. 처녀 때 영숙은 나름대로 믿음이 좋다고 자부했었다. 목사님을 따라다니면서 길거리 전도에도 열심이었다. 교회 여자 청년부 회장까지 도맡아 했던 그녀였다.

여상을 졸업하고 은행에서 일하던 영숙에게는 좋아한다고, 결혼하자고 쫓아다니는 남자가 있었다. 바로 지금의 남편이었다.

적당히 잘사는 집 아들이었던 남편은 외모도 준수한 편이었다. 영숙은 맛있는 것도 사 주고 예쁘다고 해주기에 홀라당 넘어가 버리고 말았다. 하지만 한 가지 마음에 걸리는 것이 있었는데, 바로 그가 예수를 믿지 않는 사람이라는 점이었다. 목사님은 영숙의 이야기를 듣고, 신자가 아닌 사람과 결혼하면 고생한다며 그녀를 볼 때마다 적극적으로 만류했다. 교회에도 좋은 총각들이 많으니 그 중에서 고르는 게 어떠냐고 했다. 하지만 영숙의 눈에 차는 사람은 없었다. 하나같이 뭔가 좀 어리숙하고 부족해 보였다. 영숙에게는 이 남자가 죽으면 지옥에 갈 사람으로 여겨지기는커녕 오히려 백마를 탄 왕자님으로 보였다. 영숙이 목사님의 반대 때문에 결혼을 망설이자, 왕자님은 멋진 목소리로 정 그러면 자기가 앞으로 교회에 나가 보겠다고 했다. 그날 밤, 영숙은 왕자님에게 몸을 허락했다. 그러면 안 된다는 생각이 들어 주저했으나 결국, 자기 마음이 이끄는 대로 움직였던 것이었다.

 그로부터 얼마 후, 영숙은 그와 결혼했다. 신혼은 얼마간 달콤했다. 둘이 손잡고 주일 예배에 참석했고, 목사님은 영숙의 남편에게 아내를 따라 신앙생활 잘하라고 축복 기도를 했다. 하지만 남편은 결혼한 지 두어 달쯤 지나자 더이상 교회에 나가지 않았다. 풀이 마르고 꽃이 시들 듯, 뜨거웠던 애정도 날이 갈수록 식어갔다. 남편은 무뚝뚝해졌고 집안일에는 도통 관심이 없었다. 당연히 부부 싸움이 잦아졌다.

 결혼한 지 1년쯤 지나서는 남편에 대한 환상이 거의 남아 있지 않았다. 그 사이 영숙에게 아기가 생겼다. 배가 불러오자 은행을 그만두어야 했다. 임신 중기에 접어드니 남편은 회사에 일이 많다며 밤늦게 집에 들어오는 날이 부쩍 늘었다. 그런데 그의 말과 행동에는 석연치 않은 점이 있었다. 영숙은 무언가 안 좋은 느낌을 받았다. 역시 불안한 예감은 적중했다. 그녀는 회사 퇴근 시간에 맞추어 몰래 찾아갔는데, 남편이 웬 젊은 여자와 팔짱을 끼고 어디론가 가는 것이었다. 영숙은 힘겹게 뒤를 밟았다. 그들은 으슥한 골목에 있는 한 여인숙으로 들어갔다. 영숙은 그 자리에서 주저앉고 말았다. 그 순간, 불안과 염려의 모양으로 영숙의 주위를 떠돌던 죽음의 그림자가 그녀의 마음속으로 더러운 촉수를 뻗쳤다. 죽고 싶다는 생각이 해일처럼 밀려든 것이었다. 그것은 모든 고통을 일시에 끝낼 수 있다는 그럴듯한 거짓말로 영숙을 사로잡으려고 발악했다. 그런데 그때, 배 속의 7개월 된 아기가 거센 발길질을 했다. 그전에는 느껴 보지 못했던 강력한 태동이었다. 그 때문에 그녀는 정신을 차릴 수 있었다. 아기를 위해서라도 절대 그러면 안 된다고, 그녀는 자신의 마음을 수도 없이 매질했었다.

그 후 석 달이 지나 영숙은 아들을 낳았다. 그래도 자녀는 신자로 키워야겠다고 생각한 그녀는 몸이 완전히 회복된 후부터 아기를 업고 교회에 열심히 나갔다. 수요 예배며, 금요 철야며, 빠짐없이 참석했다. 목사님이나 성도들은 영숙의 사정을 잘 몰랐기 때문에 그녀의 신앙이 한층 성숙한 줄로 여겼다.

아기가 걸음마를 시작할 때쯤, 남편은 회사를 그만두었다. 그러면서 내연녀도 정리했는지 얼마간은 집에 일찍 들어왔다. 남편은 곧 부모님이 물려준 작은 단층 상가 건물에서 가게를 시작했다. 처음에는 장사에 정신이 팔려 여자관계에는 더이상 관심이 없는 것처럼 보였다. 하지만 그 버릇이 어디 가지 않았다. 가게가 안정적인 궤도에 오르자 또다시 바람을 피우기 시작했다. 영숙은 죽을 만큼 괴로웠으나 자식 때문에 눈물을 삼키며 가정을 지켜왔던 것이었다.

⁂

영숙은 신세를 한탄하며 하나님을 원망하는 혼잣말을 중얼거렸다.

"왜 저에게 괴로움과 고통만 자꾸 주시는 거예요? 주변 사람들은 다 행복해 보이는데 왜 저만 이렇죠? 왜 그때 제 눈에 콩깍지를 씌워서 결혼하게 만드셨어요? 또 지는 나름대로 아들 잘 키워보려고 했는데 교회도 안 나오고 취업도 안 되게 하시냐고요…. 왜, 도대체 왜!"

하지만 그래 봤자 속만 더 상할 뿐이었다. 아들에게 기독교인이 아닌 여자 친구가 있다는 것을 알게 된 영숙은 더욱 울적해졌다. 아들이 집 근처에서 어떤 여자와 손잡고 있는 모습을 우연히 보았는데, 여우같은 얼굴에 하얗게 분칠하고 야시시한 옷을 입은 꼴이 영숙의 눈에는 술집 여자가 따로 없었다. 얼굴은 제 아버지를 닮아서 그런지 백수인 주제에도 여자가 만나주는 모양이었다.

영숙은 집에 돌아온 아들에게 뭐 하는 애냐, 몇 살이냐, 만난 지 얼마나 됐느냐 등을 꼬치꼬치 캐물었다. 아들은 적당히 얼버무리고는 방으로 들어가 버렸다. 영숙은 방문에 대고 물었다.

"그 애, 교회는 다니니?"

"난 교회 다니는 여자는 안 만나."

아들의 퉁명스러운 대답이 들려 왔다.

영숙은 아들에 대해 품고 있던 약간의 희망마저 잃어버린 느낌이었다. 도저히 누군가의 위로를 받지 않고서는 견딜 수 없을 것 같았다. 그런데 교회에는 이런 사정을 드러내고 싶지 않았으므로 영숙은 세상 친구들에게 전화를 걸어 보기로 했다.

"여보세요? 정순아, 잘 지내니? 아, 응, 그게 아니라 그냥 밥이나 한번 같이 먹자고…. 아, 그래? 뭐 어쩔 수 없지…, 그럼 다음에 봐…."

통화가 연결된 친구들은 하나같이 바쁘다며 만나기 곤란하다는 반응을 보였다.

"요년들이…!"

영숙은 짜증이 났다. 또 다른 친구에게 전화를 걸기 위해 휴대폰에 저장된 번호 목록을 살피던 그녀의 눈에 한 친구의 이름이 들어왔다. 박미자였다. 미자는 원래 평범한 가정주부였는데, 몇 년 전에 한 부동산 중개사 사무소에 취직했다. 자격증은 없었으나 수완이 좋았는지 돈을 잘 벌었다. 마침내 한 중개사의 명의를 차용해 자기 사무실을 차린 그녀는 사장님 소리를 듣고 있었다. 영숙은 미자가 좀 껄끄러웠다. 3년 전쯤 영숙이 미자에게 교회에 나와 보라고 말한 적이 있었는데, 그녀는 거절을 넘어 영숙을 포함한 기독교인들을 한심한 족속으로 여기는 듯한 말을 쏟아 냈던 것이었다.

"예수를 믿는 사람들은 술도 못 마시고 카바레도 못 간다며? 그런 바보들이 어디 있담? 영숙이 너도 그러니? 인생 참 재미없게 산다."

그 이후로 영숙은 미자에게 연락하지 않았다. 그런데 예닐곱 명에게 연거푸 거절당하자, 내키지는 않으나 미자라도 만나 볼까 하고 영숙은 통화 버튼을 눌렀다.

"이게 누구니? 이영숙 권사 아니야? 오랜만에 목소리 들으니까 반갑다, 얘."

'권사'라는 말에서 묘한 악센트를 느끼고 기분이 상한 영숙은 괜히 전화를 걸었다고 생각했다. 그러나 그냥 끊이 버릴 수는 없어서

"잘 지냈니, 미자야?"

하고 인사했다.

"엄청 잘 지냈지. 그런데 얘, 나 이제 미자 아니야. 혜리야, 박혜리."

"혜리?"

"응, 개명했거든. 영숙아, 우리 밥 한번 먹을래?"

"어? …응."

영숙은 얼떨결에 대답했다. 무슨 좋은 일이라도 있는지 미자,

아니 혜리는 신이 난 목소리로 말했다.

"오늘도 괜찮은데, 내가 살게. 이따 점심때 보자."

이렇게 해서 그들은 시내에 있는 혜리의 사무실 근처 식당에서 만나기로 했다. 혜리는 전보다 한층 멋쟁이가 되어 있었다. 여전히 뚱뚱한 편이었으나 얼굴은 반질반질 윤이 났고, 백화점에서만 파는 비싼 브랜드 옷을 걸쳤다. 세련된 진주 목걸이와 귀고리에 샤넬백까지, 혜리는 영락없는 복부인의 모습이었다.

"얘! 너 왜 이렇게 수척해졌니? 아유, 이 주름 좀 봐. 아주 자글자글하네! 피부 관리 좀 받아야겠다."

잘나가는 혜리와 자기의 처지가 너무 대비되는 데다가 이런 소리까지 들으니 영숙은 위로를 받고 싶은 마음이 싹 사라져 버렸다. 그녀는 혜리의 근황에 관해 물었다.

"요새 금융 위기 때문에 부동산 시장이 많이 안 좋잖니? 그런데 나는 경매로 재미 좀 보고 있어, 호호."

혜리는 두 달 전만 해도 전국으로 임장을 다니느라 바빴다. 그런데 얼마 전, 권리관계가 복잡하지만 너무나 괜찮은 물건 하나를 발견했다. 유치권이 걸려 있어 계속 유찰된 물건이었다. 그런데 임장 결과, 해당 물건을 싸게 낙찰받으려는 허위 유치권이라는 확신이 들었고, 혜리는 4회차에 직전 유찰가보다 조금 높은 가격을 써내 결국 낙찰받았다. 시세의 절반도 안 되는 금액이었다. 그녀는 업자를 끼고 깔끔하게 수리한 후 되팔아 세금을 제하고도 2억 조금 넘게 벌었다. 혜리는 신이 나서 영숙이 잘 알지도 못하는 세금 관계나 관련법에 대한 전문 용어를 섞어 가며 설명했다. 영숙은 화제를 돌리고 싶었다. 그래서 왜 개명했는지를 물었다.

"아, 그거?"

혜리는 갑자기 낮은 목소리로 말했다.

"실은 작년에 아는 언니한테 용한 무당을 소개받았거든. 진짜 신들린 처녀 보살인데, 점을 쳤더니 개명을 하면 재물운이 있을 거라 하더라고. 그래서 이름을 바꿨지. 그랬더니 정말 그 말대로 돈이 막 벌리는 거야. 특히 경매에 손을 댄 후로는 봇물 터지듯 벌려서 다 감당을 못할 정도라니까. 사실 재작년까지는 부동산 활황이었는데도 일반 월급쟁이 버는 정도였거든."

혜리는 아예 영숙의 옆자리로 와서 앉았다.

"그런데, 돈도 돈이지만 더 깜짝 놀란 건 말이야…."

그녀는 입술을 영숙의 귀에 바짝 갖다 댔다. 필러 시술을 받았는지 전보다 훨씬 도톰해 보였다.

"그 보살이 조그만 부적을 써줬어. 300만 원이라면서, 그걸 팬티 안에 붙여 두라고 하지 뭐야? 나는 '뭐 이런 게 300만 원짜리야?' 하고 생각했지. 그래도 속는 셈 치고 사다가 붙였어. 그랬더니 어떻게 됐는지 아니? 목석같던 신랑이 글쎄 그날부터 밤마다 아주 귀찮게 하지 뭐니, 호호호."

영숙은 귀가 솔깃했다. 그렇게 용한 무당이라면 남편 가게나 아들 취업에 대해 무슨 답이라도 주지 않을까 하고 생각했다. 그러나 한편으로는, 그래도 내가 기독교인인데 그런 델 가도 될까

하는 생각도 들었다. 혜리가 말했다.

"너는 교회 권사니까 아무래도 그런 데는 못 가겠지?"

영숙은 그 말이 퍽 얄밉게 들렸다. 그래서 나도 가 볼래, 하고 말해 버렸다.

"어머, 독실한 이영숙 권사님이 이러시면 안 되잖아요, 호호호."

혜리가 놀리듯 말했다. 더욱 오기가 뻗친 영숙은 당장 오늘이라도 찾아갈 기세로 무당집이 어디인지 물었다.

"진짜로 갈 거야? 나 당분간 일을 쉬엄쉬엄하기로 했거든. 직원한테 사무실 맡겨 놓을 테니까 오늘 바로 같이 가자. 내가 특별히 직접 안내할게."

식사를 마친 그들은 혜리의 차를 타고 무당집으로 향했다. 무당집은 도시 외곽의 한 달동네에 있었다. 꼬불꼬불한 언덕길을 지나자 많은 차가 주차된 넓은 터가 나왔다. 거기에는 금방이라도 무너질 것 같은 낡은 집이 있었다. 집 옆에는 수백 년쯤 되어 보이는 커다란 고목나무가 서 있었는데, 오색실이 잔뜩 걸려 있는 것이 왠지 으스스한 느낌을 자아냈다. 나무 아래에는 평평한 큰 바위가 놓였고, 촛농이 군데군데 묻어 있었다. 아마도 굿하는 자리인 모양이었다. 나무 위에는 까마귀로 보이는 검은 새 몇 마리가 기분 나쁘게 아래를 내려다보고 있었다. 원래 겁이 많은 영숙은 오싹한 기분이 들어 자기도 모르게 혜리의 팔을 잡았다. 혜리는 안색이 창백해진 영숙을 돌아보며 물었다.

"어머, 얘. 너 겁먹었니?"

"아니야, 겁은 무슨."

말은 그렇게 했으나 영숙은 그냥 집에 가 버리고 싶었다. 하지만 여기까지 와서 그럴 수는 없었다. 혜리를 따라 입구로 가니 열댓 명 남짓한 사람들이 번호표를 뽑아 들고 앉아 있었다. 영숙도 번호표를 뽑았다. 한 시간쯤 기다리자 드디어 영숙의 차례가 되었다. 방 안으로 들어서자마자 벽 가운데 세워진, 지팡이를 든 백발노인의 신상이 눈에 들어왔다. 그 뒤에는 각종 탱화와 만다라 Mandala가 걸려 있고, 그 아래 큼직한 초 여러 개와 떡, 과일 등의 음식이 정신없이 놓여 있었다. 20대 중반 정도로 보이는 젊은 무당은 방울과 부채, 쌀과 콩을 담은 단지 등이 올려진 상 앞에 눈을 감고 앉아 있었다. 영숙은 덜덜 떨었다. 갑자기 무당이 눈을 번쩍 뜨고 칼이라도 들고 달려들면 어쩌나 하는 생각이 들었다. 무당이 눈을 감은 채 말했다.

"앉아."

그런데 영숙은 무당의 목소리가 조금 떨리고 있다는 느낌을 받았다. 영숙과 혜리는 상 앞에 앉았다. 무당이 눈을 떴다. 그녀는 영숙에게는 눈길도 주지 않았다. 기분이 몹시 나쁜 듯 날카로운 목소리로 혜리에게 말했다.

"내가 네년 지난번에 이름 바꿔서 돈벼락 맞게 해주고, 부적으로 네 서방이랑 착 붙여줬건만, 여기는 뭐 하러 또 온 거야?"

"이번엔 제가 아니라 여기 이 친구예요."

혜리가 영숙을 가리키며 공손하게 말했다. 무당은 영숙을 쳐다보려고 애썼다. 그녀는 얼굴이 점점 새파랗게 질리더니 식은땀을 흘리기 시작했다. 겨우 영숙과 눈이 마주친 순간, 무당의 눈알이 뒤집혔다. 마치 '전설의 고향'의 구미호 같은 얼굴이 되어 사시나무 떨듯 했다. 영숙은 혜리의 팔을 꽉 잡았다. 혜리도 이게 무슨 사달인가 하고 입을 다물지 못했다. 무당은 입에 거품을 물었다. 몸속에서 강력한 지진이라도 일어난 것처럼 마구 떨며 발작했다. 그 바람에 상이 엎어졌고, 무당은 기절하고 말았다. 영숙과 혜리는 너무 놀라 오들오들 떨다가 무당을 그대로 두고 밖으로 나가려고 했다. 그때, 무당이 다시 일어섰다. 여전히 영숙을 똑바로 바라보지 못해 얼굴을 돌리고는, 쓰러진 단지에서 쌀을 한 움큼 집어 영숙을 향해 던졌다.

"예수 믿는 년이 여기를 왜 와? 나 괴롭히려고 왔지? 저리 가, 저리 가!"

악을 쓰며 외치는 소리에 영숙과 혜리는 고막이 다 아플 지경이었다. 무당이 계속해서 쌀을 던지는 바람에 영숙과 혜리는 황급히 방에서 빠져나왔다. 어찌할 바를 몰라 마당에서 서성이고 있는데, 잠시 후 어떤 사람 하나가 나오더니 대기하던 사람들에게 말했다.

"보살님이 몸이 안 좋으셔서 점을 칠 수 없다고 하시니 오늘은 이만 돌아가 주세요."

혜리는 돌아가는 차에서 영숙에게 말했다.

"얘, 너 그 구원인지 뭔지 하는 거 받긴 받았나 봐. 귀신도 알아보는 걸 보니."

영숙은 이 일을 계기로 믿음을 회복해야겠다고 결심했다. 자신이 하나님 자녀가 맞긴 하다는 생각에 왠지 모르게 힘이 생기는 것 같기도 했다. 다음 날, 영숙은 해 뜨기 전에 일어났다. 오랜만에 성경도 보고 기도도 하기 위해서였다. 그런데 성경을 펼친 지 5분도 못 되어 졸음이 폭포수처럼 쏟아졌다. 결국, 다시 잠들어 버린 그녀는 평소보다 더 늦게 일어나고 말았다. 그다음 날도, 또 그다음 날도 마찬가지였다. 영숙은 예배라도 잘 드려야지, 하고 주일에 일찍 교회에 가기로 했다. 그런데 그날따라 아침에 집안일을 하다가 오히려 예배가 시작한 지 10분이 지난 뒤에 도착했다. 쫓기는 꿈에서 몸이 원하는 대로 움직여지지 않는 것처럼, 영숙이 아무리 몸부림쳐도 생각만큼 잘되지 않았다. 보이지 않는 손이 영숙의 발목을 붙잡고 놓아주지 않는 것 같았다.

'역시 나는 안되는 걸까.'

낙심이 되기도 했지만, 그래도 영숙은 어떻게든 성경을 읽고 기도를 해 보려고 했다. 아침 한끼 금식도 해 보았다. 그렇게 2주 정도 지났다. 금요일 저녁에 갑자기 아들이

"이번 주일에 교회에 나가볼까?"

하고 말했다. 영숙은 이게 웬일인가 싶었다.

"아니 뭐, 그냥…, 하는 일마다 잘 안되고…, 교회를 나가면 좀 낫지 않을까 해서…."

"아이고, 내 새끼!"

영숙은 기뻐서 어린아이 다루듯 아들의 등을 두드렸다. 생활비가 빠듯했으나 용돈까지 주었다. 아들이 신앙생활을 회복하게 해 달라고 기도도 했다. 그러나 토요일 밤, 아들은 집에 들어오지 않았다. 전화해도 받지 않았다. 아들을 기다리다 소파에서 잠든 영숙은 새벽녘에 눈을 떴다. 아들은 방에서 잠을 자고 있었다. 술 냄새가 진동했다. 예배 시간이 다 되도록 아들은 일어나지 않았고, 결국 영숙은 혼자 교회에 가야 했다. 영숙은 속이 터졌다.

'기대한 내가 바보지. 괜히 용돈이나 줘 가지고는….'

당연히 설교 말씀은 귀에 들어오지 않았다. 영숙은 예배가 끝나면 집에 가서 지난번에 놓친 드라마 재방송이나 봐야겠다는 생각을 하며 앉아 있었다. 설교 후에 광고 시간이 되었다.

"이번 주 금요일 밤 8시 반에는 지역 노회 소속 교회들이 연합한 부흥 집회가 있습니다. 3주에 걸쳐 금요일마다 이어지는 이 집회에 우리 교회도 참여할 예정이니 아무쪼록 함께 가셔서 많은 은혜 받으시길 바랍니다. 이번 집회에는 부산 지역에서 유명한 류 아무개 목사님이 강사로 오신다고 하니…"

영숙은 뭐 그런 걸 하나보다 하고 큰 관심을 두지 않았다. 예배 끝나고 교회를 나서는데 아파트 옆 단지에 사는 동갑내기 임 권사가 다가왔다.

"이 권사님, 연합 집회 갈 거야?"

"아니, 나는 안 가. 바쁘기도 하고…."

"그래? 그 류 아무개 목사님 설교 진짜 은혜 되는데. 나는 부산에 몇 번 가서 들어봤거든."

"난 그날 일이 있어서…."

영숙은 말끝을 흐렸다. 실은 아무 일도 없었다. 하지만 가고 싶은 생각이 별로 들지 않았다. 특히 같이 가자고 한 사람이 임 권사여서 더 그랬는지도 몰랐다. 올해도 어김없이 여전도회 회장을 맡은 임 권사는 직장에 다니는데도 새벽 기도를 나가는 신실한 중직자였다. 그녀는 신앙생활에 힘이 빠진 성도들에게 밥도 사 주고, 그들을 위해 기도를 해 주기도 했다. 목사님은 물론 성도들도 그녀를 매우 신뢰했다. 영숙은 범접할 수 없는 신앙 수준의 임 권사와 자기를 비교하며 한없이 작아지는 느낌을 받았던 것이었다. 영숙은 임 권사에게 인사를 하고 집으로 향했다. 임 권사는 돌아가는 영숙의 뒤통수에 대고 외쳤다.

"혹시 갈 생각이 들믄 연락해! 내 차로 같이 가믄 되니까!"

※

금요일에 영숙은 남편과 대판 싸웠다. 장사가 잘 안되어 일찍 가게 문을 닫고 들어온 남편이 영숙의 속을 긁어 놓았기 때문이었다. 영숙도 지지 않고 생활비도 못 가져오는 주제에, 등의 심한 잔소리를 해댔다. 남편은 방문을 쾅 닫고는 나오지 않았다. 영숙은 화가 나서

"저녁은 알아서 먹든지 말든지!"

하고는 겉옷도 제대로 걸치지 않은 채 집 밖으로 나와 버렸다. 밖에 나오니 막상 갈 곳도 마땅치 않았다. 그녀는 돈을 아끼려고 근처에 있는 국숫집에서 혼자 2,000원짜리 저녁 식사를 했다.

이제 어디로 가야 하나, 하고 영숙은 생각했다. 집으로 들어가기는 너무 싫었다. 때마침 부흥 집회가 생각났다. 시계를 보니 예배 시간까지는 아직 여유가 있었.

'집회에 가면 서너 시간 정도는 때울 수 있겠지.'

그녀는 임 권사에게 전화를 걸었다. 임 권사는 몹시 반가워하며 30분 후에 집 앞으로 데리러 가겠다고 말했다.

집회 장소는 영숙의 집에서 차로 15분가량 떨어진, 조금 외진 곳에 있는 큰 교회였다. 지역 노회에서 주관하는 큰 집회는 거의 이 교회에서 열렸다. 그래서 영숙도 몇 번 와본 적이 있었다. 이날 모인 사람은 어림잡아 1,000명은 넘어 보였다. 예배 시작 전에 분위기를 고조시키는 준비 찬양이 한 시간 정도 진행되었다. 뜨거운 찬양 덕분에 영숙은 상했던 감정이 조금 풀리는 듯했다.

대표 기도와 성경 봉독이 이어지고, 드디어 류 아무개 목사가 강대상 앞에 섰다. 뒤쪽에 앉아 있는 성도를 위한 대형 화면에도 그의 얼굴이 잡혔다. 류 목사는 키는 작아도 좌중을 압도하는 카리스마가 있었다.

"여기 모인 분 중에는 '나는 경제적으로 정말 어렵다.' 하는 분이 계실 겁니다. 또 '나는 집에서 남편 때문에 부인 때문에, 아니면 자식 때문에 힘들다, 직장에서는 사람 때문에 답답하다.' 하는 분도 계실 겁니다. 아니면 '나는 질병이 있어서 너무 괴롭다.' 하는 분도 계시겠지요. 오늘 연합 집회에 오신 모든 분께 하나님의 은혜가 임하고 중요한 시작을 하는 날이 되기를 예수님의 이름으로 축원합니다."

이렇게 시작한 류 목사의 설교는 무기력한 기독교인에 관한 이야기로 넘어갔다.

"제가 얼마 전 신문을 보았는데, 기독교인들이 많이 줄었다는 기사가 실려 있었어요. 언제는 1,000만 기독교인 그러던 게 지금은 800만이라고 합니다. 등록 교인 수가 그렇고 출석 교인은 훨씬 더 적습니다. 아마도 교회에서 답을 얻지 못한 것이겠지요. 그럼 교회 안에 있는 교인들은 괜찮냐? 그렇지도 않아요. 많은 교인이 잘살고 있는 것처럼 보이지만, 대부분 무기력에 빠져 신앙생활 어렵다, 힘들다, 전도가 안 된다, 그런 소리를 정말 많이 합니다."

영숙은 고개를 끄덕였다. 이 목사님은 과연 어떤 답을 이야기할까, 하고 기대가 되었다. 그러나 이어진 내용에 영숙은 점점 불편해졌다.

"전에 어떤 교회에 집회하러 가서 예배 전에 볼일을 보러 화장실에 들어갔어요. 제 뒤에 두 사람이 들어오더니 제가 없는 줄 알고 대화를 하는데, 김 장로가 어떻고, 이 권사가 어떻고, 목사님이 어떻고, 교회가 어쩌고저쩌고, 전부 남 얘기, 흉보는 얘기예요. 제가 밖으로 나가니 대화를 그쳐요. 아마 제가 강사인 줄은 몰랐겠지요. 그중 한 분은 나중에 보니 대표 기도를 해요. 바로 그 교회

장로님이었습니다. 그 장로님만 그러겠습니까? 아니지요. 많은 성도가 가면을 쓰고 있습니다. 집과 교회에서의 모습이 다르고, 신앙생활과 삶은 서로 안 맞고. 경제적으로 어려우니까, 맨날 돈 돈돈 거리고. 교회에서는 체면 때문에 괜찮은 척 앉아 있어도 다 표가 나게 되어 있어요. 여러분, 마귀 중에 아주 수준 높은 마귀가 무엇인지 아세요? 바로 섭섭 마귀예요. 이게 조용히 표시 안 나게 마음에다 섭섭한 생각을 심어요. 섭섭 마귀가 역사하면 자기 안 알아준다고 토라집니다. 이놈은 '자아'를 건드리는 거지요. 나이가 들수록 더 그렇습니다. 심지어 예배 끝나고 목사님이 악수 안 해 준다고 삐지는 사람도 있어요."

"하하하."

많은 성도가 웃음을 터뜨렸다. 순간 영숙은 모두가 자기를 비웃는다는 생각이 들었다. 그래서 기분이 매우 언짢아졌다.

"또 제가 아는 어떤 권사님은…"

류 목사는 신앙생활에 답이 없는 한 성도의 이야기를 꺼냈다. 예수를 믿지 않는 남편, 잦은 부부 싸움, 교회에 안 나오는 자녀 등등 영숙이 듣기에는 자기와 거의 판박이였다.

'아니? 저거 내 얘기 아니야? 저 목사님이 어떻게 알고 있지?'

당연히 그럴 리는 없었으나 류 목사의 이야기에 등장하는 인물에 감정 이입이 된 영숙은 도저히 앉아서 듣고 있을 수 없었다. 이제는 류 목사의 경상도 억양마저 굉장히 도전적으로 들리기까지 했다. 아픈 부분을 족집게처럼 집어내어 콕콕 찌르는 느낌을 받은 영숙의 불쾌감은 증폭되었다.

"임 권사님, 나 몸이 너무 안 좋아…."

영숙은 옆자리에 앉은 임 권사에게 귓속말했다. 임 권사는 걱정스러운 얼굴로 영숙을 바라보았다.

"나 먼저 갈게…."

영숙은 남의 눈에 띄지 않으려고 몸을 숙인 채 최대한 조용히, 최대한 빠른 걸음으로 예배당을 빠져나갔다. 설교가 시작된 지 20분 정도 지난 후였다. 임 권사는 영숙이 나간 뒤에도 설교에 집중했다. 그녀는 노트에 설교의 핵심 내용을 적어 가며 들었다. 류 목사가 예를 든 권사 이야기는 뒤에 복음의 중요한 내용을 깨닫고 인생이 크게 달라졌다는 것으로 마무리되었다.

"자, 그럼 복음의 중요한 내용이 무엇일까요? 오늘은 그 첫 번째로 예수님은 누구신가, 입니다. 여러분들은 예수님이 누구라고 알고 있습니까? 예수님을 믿지 않는 많은 사람이 기독교에 대해 '예수 믿으면 죽어서 천국 가고 안 믿으면 죽어서 지옥 간다.'라고 알고 있어요. 그런데 교인들도 별반 다르지 않습니다. 뭐, 크게 틀린 말은 아니겠지요. 하지만 그건 소경 코끼리 만지기나 마찬가지입니다. 진짜 복음의 엄청난 실체를 알지 못하는 거예요. 겨우 그 정도로만 알고 있으면 진짜 중요한 것들을 다 놓치게 됩니다. 마태복음 16장 13절에서 14절까지 다 같이 읽어 보겠습니다."

성도들은 성경을 찾아 함께 읽었다.

"예수께서 빌립보 가이사랴 지방에 이르러 제자들에게 물어 이르시되 사람들이 인자를 누구라 하느냐 이르되 더러는 세례 요한, 더러는 엘리야, 어떤 이는 예레미야나 선지자 중의 하나라 하나이다(마16:13~14)."

"빌립보 가이사랴 지방은 어떤 곳일까요? 이 당시 이스라엘은 세 명의 분봉왕이 나라를 나누어 다스리는 분열 상태였어요. 더 큰 문제는 세계를 제패한 로마의 속국이었다는 점이지요. 헤롯의 아들 빌립은 로마 황제 가이사 디베료의 환심을 사기 위해 도시 이름을 자기와 황제의 이름을 넣어 '빌립보 가이사랴'라고 지은 것입니다. 정치적 혼란과 이방인에게 지배를 받는 절망적인 상황에서 유대인들이 가졌던 유일한 희망은 성경에 기록되어 있고 조상 때부터 바랐던 메시야, 곧 그리스도가 와서 로마로부터 해방된 강력한 나라를 세우는 것이었어요. '빌립보 가이사랴 지방에 이르러'라는 말씀은 바로 이러한 내용을 함축하고 있는 것이지요.

그런데 유대인들의 희망은 과연 올바른 것이었을까요? 예수님께서 제자들에게 물었습니다. '사람들이 나를 누구라 하느냐?' 사람들이 예수님을 누구라고 생각했을까요? 14절에 보면 세례 요한, 엘리야, 예레미야, 선지자 중의 하나 등의 대답이 나옵니다.

세례 요한은 헤롯 안디바가 자기 동생의 아내를 취한 일을 공개적으로 비판했다가 헤로디아의 계략으로 목이 잘려 죽습니다(마14:3~11). 엘리야는 이스라엘의 아합 왕 시대 사람으로 비가 오지 않게도 하고 오게도 합니다(왕상17:1, 18:1). 또 사르밧 과부의 죽은 아들을 살려 내기도 하고(왕상17:17~24), 갈멜산에서는 하늘로부터 불을 내리기도 하지요(왕상18:36~38). 예레미야는 이스라엘이 멸망하는 것을 보며 눈물로 애가를 지었습니다. 민족을 위한 탄식이지요. 또 선지자들은 하나님의 말씀인 율법을 바로 세우려고 했어요.

그런데 유대인들은 진짜 중요한 것을 보지 못한 겁니다. 그들은 겉으로 드러나는 사회 정의, 신비로운 능력, 민족을 위하고 깨우치려는 활동, 윤리와 도덕, 구제와 봉사 같은 요소들로 예수님을 이해했어요. 물론 예수님에게는 분명 이러한 면이 있었습니다. 위선하는 유대 지도자들에게 일갈하고, 병자들을 고치고, 죽은 사람도 살리고, 수천 명의 무리를 먹이기도 했지요. 그러나 예수님은 유대인들이 이해하는 그런 분이 아니었습니다. 아까 읽었던 구절에 이어 15절, 16절을 읽어 봅시다."

"이르시되 너희는 나를 누구라 하느냐 시몬 베드로가 대답하여 이르되 주는 그리스도시요 살아 계신 하나님의 아들이시니이다마 16:15~16."

"하나님께서 베드로에게 올바른 고백을 하도록 역사하셨지요. 예수님은 세례 요한도 아니고, 엘리야도 아니고, 예레미야나 선지자 중 하나도 아닙니다. 예수님은 바로 그리스도이신 것입니다. 그럼, 그리스도는 무엇입니까? 유대인들이 바랐던 강력한 정치 지도자입니까? 먹고 사는 문제를 해결할 경제 지도자입니까? 윤리와 도덕으로 질서를 바로잡는 종교 지도자입니까? 아닙니다.

그리스도라는 말의 뜻은 '기름부음 받은 자'입니다. 이스라엘에서는 왕, 제사장, 선지자 이 세 직분으로 사람을 세울 때 기름을 부었어요. 성경이 예언한 그리스도는 바로 인간의 본질적인 문제를 해결하는 참된 왕, 참된 제사장, 참된 선지자입니다.

인간의 본질적인 문제는 무엇일까요? 하나님은 인간을 자기 형상대로 창조하셨습니다(창1:27). 이는 영혼이 있는 영적 존재로서 하나님과 함께하도록 만들어졌다는 것입니다. 죽으면 흙이 될 뿐인 존재가 아니라는 말이지요. 마치 나무가 땅에 뿌리를 내려야만 살 수 있는 것처럼, 인간은 하나님을 떠나면 살 수 없습니다. 그게 바로 인간의 본질입니다. 인간은 에덴동산에서 하나님과 함께하며 참된 행복을 누리고 있었습니다.

그런데 문제가 생겼어요. 또 다른 영적인 존재, 바로 사탄이 인간에게 다가와 유혹을 한 것입니다(창3:1~5). 먹으면 반드시 죽는다고 하나님께서 말씀하신, 선악을 알게 하는 나무의 열매를 먹으라고 말입니다. 인간은 유혹에 넘어가 그 열매를 먹고 죽어 버렸어요(창3:6). 성경이 말하는 죽음은 하나님을 떠나는 것을 의미합니다. 마치 나무뿌리가 땅에서 뽑히는 것처럼 인간이 하나님과 단절된 것이지요. 땅에서 뽑힌 나무는 살아 있는 것처럼 보여도 땅에 다시 심지 않는 이상 죽은 나무일 뿐이에요. 하나님을 떠난 죄를 원죄라고 합니다. 원죄는 모든 죄의 근본입니다. 그리고 인간은 하나님을 떠난 즉시 사탄에게 사로잡혔어요. 사탄은 타락한 천사인데, 이놈은 인간을 멸망시키는 것이 목적입니다(요10:10). 사탄은 눈에 보이지 않게 인간의 마음에 생각을 심어 그 생각대로 움직이도록 하지요(요13:2). 그 생각에 따라 행동하면 죄를 짓게 되고,

하나님이 없는 멸망 속에서 방황하게 되지요.

하나님 떠나 원죄 가운데서 사탄에게 사로잡힌 이것은 인간이 태생적으로 가진 본질의 문제입니다. 이 문제 때문에 인생에는 저주와 재앙, 우상 숭배, 영적인 시달림, 정신적 고통, 육신적 고통이 가득하게 되었습니다. 그 문제는 죽어도 끝나지 않아요. 죽으면 지옥이 기다리고 있습니다. 또한, 자녀에게 그 문제가 똑같이 이어집니다. 많은 교인들이 이러한 인간의 문제를 잘 알지 못하기 때문에 예수님이 우리가 흔히 짓는 자범죄, 곧 속이거나, 해치거나, 나쁜 마음을 먹거나 하는 죄를 사하시기 위해 이 땅에 오신 것으로 알고 있어요. 물론 예수님을 믿으면 그런 죄도 사함을 받아요. 하지만 하나님이 예수님을 보내신 것은 겨우 그런 수준의 이야기가 아닙니다.

엄마를 잃은 갓난아기처럼 하나님을 떠나 영원한 멸망을 당한 인간의 본질적 문제를 해결하는 구원자, 곧 그리스도를 보내시겠다고, 사랑의 하나님께서 성경에 약속하신 것입니다. 하나님이 세상을 이처럼 사랑하사 독생자를 주셨으니 이는 그를 믿는 자마다 멸망하지 않고 영생을 얻게 하려 하심이라요3:16. 어때요? 유대인이 이해하고 있는 그리스도와는 완전히 다르지요? 창세기 3장 15절, '여자의 후손이 와서 뱀의 머리를 상하게 할 것이다.' 즉, 인간을 사로잡은 사탄의 권세를 박살 내는 참된 왕, 출애굽기 3장 18절, '피 제사' 즉, 인간의 원죄와 모든 죄를 해결하는 참된 제사장, 이사야 7장 14절, '임마누엘' 즉, 하나님을 영원히 만날 수 없었던 인간에게 하나님 만나도록 길을 여는 참된 선지자, 예수님은 바로 그리스도로 이 땅에 오신 것입니다. 예수님은 성경이 예언했던 대로, 또 그리스도라는 증거로 처녀의 몸에서 나셔서(마1:18~23), 십자가에 피 흘려 죽으시고 부활하셨습니다(요19:31~35, 마28:1~7). 이로써 하나님의 구원 계획을 완성하셨습니다.

성경에 요셉, 모세, 사무엘, 다윗, 엘리야, 엘리사, 다니엘, 에스더, 바울과 같은 하나님의 축복을 받은 인물들은 모두 이 그리스도의 비밀을 정확히 알고 있었던 것입니다."

류 목사는 성경의 인물들을 하나하나 예로 들며 그리스도의 언약을 한참 설명했다.

"요한복음 1장 12절에서, 영접하는 자 곧 그 이름을 믿는 자들에게는 하나님의 자녀가 되는 권세를 주셨다, 라고 했습니다. 그리스도이신 예수님의 이름을 믿기만 하면, 인간의 본질적 문제에서 영원히 해방되는 것입니다. 그런데 대부분은 이러한 비밀을 잘 모르고 하나님의 자녀가 됩니다. 나의 의지로 예수님을 믿게 되는 것이 아니니까 더욱 그렇겠지요. 본질의 문제에서 완전히 해방된 하나님의 자녀가 되었음에도 인간의 본질이 무엇인지, 본질의 문제가 무엇인지, 예수님이 누구신지, 예수님이 왜 오셨는지, 이런 것들을 잘 모르니 신앙생활도, 삶도 어렵다고 느껴질 수밖에 없겠지요. 그냥 무턱대고 열심히 기도하고 성경을 읽는다고 해서 되는 것이 아니지요. 이걸 모른 채 열심히 교회 봉사하고 구제 활동을 한다고 될 일이 아니지요. 예수님께서 이렇게 말씀하셨습니다.

영생은 곧 유일하신 참 하나님과 그가 보내신 자 예수 그리스도를 아는 것이니이다요17:3. 또 베드로후서에는 이렇게 기록되어 있습니다. 오직 우리 주 곧 구주 예수 그리스도의 은혜와 그를 아는 지식에서 자라 가라 영광이 이제와 영원한 날까지 그에게 있을지어다벧후3:18. 예수 그리스도를 정확하게, 바르게 아는 것이 하나님 자녀에게 주어진 영생의 축복을 누리기 위한 시작인 것입니다.

또 예수님께서 말씀하셨습니다. 수고하고 무거운 짐진 자들아 다 내게로 오라 내가 너희를 쉬게 하리라마11:28. 하나님 자녀이면서도 지금까지 예수님을 제대로 알지 못하여 힘든 인생을 살았다면, 이제 참된 안식을 주시는 예수 그리스도를 알고, 나를 향한 하나님의 놀라운 사랑을 발견하는 중요한 시작이 바로 지금이 되기를 예수님의 이름으로 축복합니다.

다음 주에는 예수님이 그리스도이심을 정말 알게 되었다면, 이제는 어떻게 해야 하는기에 대하여 또 말씀을 나누어 보도록 하겠습니다."

≫≫

깊은 가을, 구름도 없는 맑은 밤하늘, 달은 기울어 가는데도 무척 크고 밝았다. 교회 옆에 있는 큰 나무가 달빛에 흠뻑 젖어 신비로운 분위기를 자아냈다. 얼마 후면 11월이라 곧 겨울 문턱에 이르는 시기였으나 날씨는 이상하리만치 포근했다. 바람도 거의 없어 겉옷을 걸치지 않아도 괜찮을 정도였다.

큰길 쪽으로 걸어서 나가니 버스 정류장이 있었다. 하지만 이곳은 외져서 버스가 자주 오지 않았다. 영숙은 콜택시를 부를까 했으나 주머니를 뒤져 보니 돈이 부족했다. 도착해서 돈을 낼 수도 있었지만, 일찍 집에 들어가기도 싫어서 그냥 걸어가기로 했다. 큰길을 따라 30분 정도 쭉 걸어가면 영숙이 잘 아는 동네가 나온다. 그녀는 가로등도 거의 없는 길을 10여 분 정도 걸었다. 평소에는 이런 길을 밤에 혼자 걸으면 분명 두려움이 들었을 터였다. 그러나 밝은 달빛과 포근한 기온 때문이었는지 영숙은 무섭다는 생각이 별로 들지 않았다.

'어차피 내 얘기도 아니었는데, 끝까지 듣고 임 권사 차로 집에 갈 걸 그랬나. 이게 무슨 꼴이람.'

하지만 영숙은 지금 와서 다시 교회로 돌아갈 수는 없다고 생각했다. 수백 미터쯤 떨어진 곳에 도시 구역임을 알 수 있는 불빛이 보였다. 그런데 그때부터 영숙은 배가 살살 아파 왔다.

'저쪽으로 가면 화장실이 있겠지.'

영숙은 빠르게 걸어갔다. 그러는 동안 복통은 급격하게 악화되었다. 아마도 상한 기분에 급하게 국수를 먹었던 것이 탈이 난 모양이었다. 영숙이 도달한 곳에는 자동차 부품이나 튜닝 관련 회사가 모여 있었다. 9시가 넘은 시각이니 대부분 문을 닫은 것이 당연했다. 6차선의 큰길가에는 조그만 농협 지점이 있고, 상가 건물 몇 동이 서 있었다. 마치 지각 변동이라도 일어난 듯 영숙의 배 속은 심하게 요동쳤다. 입안이 바싹바싹 말랐다. 영숙의 배 속을 점거한 폭도들은 마치 과격한 시위대가 경찰 봉쇄벽의 약한 곳을 뚫으러 몰려가듯 출구로 쇄도했다. 영숙은 진땀을 흘리며 겨우 그것을 막아 내고 있었다. 그녀는 엉거주춤 배를 잡고 급히 상가 건물로 들어갔다. 그런데 하필이면 화장실 문이 번호키로 되어 있는 것이 아닌가. 다른 건물도 마찬가지였다. '0000'이나 '1111', '1234' 등을 눌러 보았지만 열리지 않았다. 그녀는 너무나 다급해서 자기도 모르게 기도가 나왔다.

'하나님, 저 정말 죽을 것 같아요! 이번 한 번만 살려주세요!! 저 진짜 잘 믿을게요!!!! 제발!!!!'

눈물이 왈칵 솟구칠 것 같았다. 다른 건물로 들어가기 위해 큰 길로 나온 바로 그때, 그녀의 눈에 농협 365코너가 들어왔다. 벽면이 통유리로 되어 있어 안이 들여다보였다. 다만 불투명한 시트가 붙어 있어 아래쪽은 보이지 않았다. 365코너 안에도, 길가에도 사람은 없었다. 영숙은 안으로 들어갔다. 이용히는 사람이 별로 없는지 두 대의 현금 인출기 옆에 비치된 종이봉투들이 꽤 많이 남아 있었다.

'에라, 모르겠다!'

영숙은 돈다발을 넣는 큰 봉투를 하나 집어 입구를 활짝 열었다. 그리고 쪼그려 앉아 맨 엉덩이에 갖다 댔다. 잠시 후, 영숙은 천국을 맛보았다. 그녀는 쪼그린 채

"아, 하나님, 감사합니다!"

라는 말을 입 밖으로 내뱉었다. 배 속에서 시위하던 폭도들을

모조리 내보내니 시원함이 말로 표현할 수 없을 정도였다. 영숙은 누가 들어올까 봐 조마조마하여 재빨리 다른 봉투를 찢어 뒤처리를 하고 급히 바지를 올렸다. 고약한 냄새를 줄이기 위해 배설물이 든 봉투와 뒤처리에 쓴 종이들을 새 봉투로 몇 겹 쌌다. 그러자 냄새는 거의 나지 않았다. 봉투는 빵빵하고 묵직했다.

이게 돈이라면 얼마나 좋을까, 하고 영숙은 생각했다. 돈도 없고 똥이 든 봉투나 들고 있는 자신의 처지가 너무나 처량하고 서러워서 그녀는 눈물이 났다. 조금 전에는 분명히 감사하다고 했으나 이제는 하나님이 원망스러웠다.

'하나님, 저 하나님의 자녀는 분명 맞는데, 신앙생활도 삶도 왜 다 엉망이죠? 특히 오늘은 정말이지 너무너무 서러워요. 기분도 너무너무 더럽고요. 왜 화장실이 죄다 번호키라 365코너에서 볼일을 보게 하시느냔 말이에요!'

그때, 365코너 앞으로 사람 하나가 지나갔다. 영숙은 정신을 차리고 우선 손에 든 봉투부터 처리해야겠다고 생각했다. 눈앞에 쓰레기통이 있었다. 그녀는 봉투를 버리려다가 멈추었다. 만약 거기에 버렸다가는 월요일에 출근한 은행 직원들이 눈치를 채서 CCTV를 확인할지도 모른다는 생각이 들었기 때문이었다. 뉴스에

"365코너에서 용변을 보는 몰상식한 시민이 있다는 소식입니다."

라며 영숙의 모습이 나오기라도 한다면? 생각만 해도 끔찍했다. 뉴스에는 나오지 않더라도 엉덩이를 내놓고 대변을 보는 장면

이 찍힌 영상을 누군가에게 보인다는 것 역시 수치스러운 일이 아닐 수 없었다. 영숙은 최대한 먼 곳에 버려야겠다고 생각했다.

'하나님, 진짜로 저를 사랑하신다면, 이거나 어떻게 해 주세요.'

그녀는 이런 기도를 하는 것이 스스로도 어이가 없어 쓴웃음을 지으며 문을 나섰다.

그때 멀리서 부웅, 하는 소리가 들리더니 검은 물체가 달려왔다. 오토바이였다. 라이트도 켜지 않은 채 빠른 속력으로 질주했다. 영숙은 봉투 처리에 정신이 팔려 이게 무슨 소리야, 하고는 크게 신경을 쓰지 않았다. 소리가 매우 가까워져서야 퍼뜩 정신이 들었다. 그 순간, 검은 손이 영숙이 들고 있던 봉투를 잡아챘다. 마치 물총새가 물고기를 낚아채듯 아주 깔끔한 캐치였다.

영숙은 사라져가는 오토바이를 멍하니 바라보았다. 그리고 자기도 모르게 큰소리로 외쳤다.

"할렐루야!!"

큰길을 따라 조금 걷다 보니 아는 곳이 나왔다. 영숙의 발걸음은 가벼웠다. 그녀는 기쁘기도 하고 얼떨떨하기도 하고 겸연쩍기도 한, 다소 복잡한 심정이었다.

아파트 단지 입구에 다다랐을 때, 전화벨이 울렸다. 임 권사였다. 집 앞에 왔으니 잠깐 나오라고 했다. 영숙은 곧바로 집 앞으로 갔다. 임 권사는 MP3 플레이어와 병에 담긴 따뜻한 매실차를 내밀었다.

"몸은 좀 괜찮아?"

"응, 괜찮아졌어."

"다행이네. 아까 갑자기 나가 버려서 걱정했어. 이건 오늘 집회 설교야. 집회를 주최하는 교회 아는 분한테 강대상 가까운 자리에서 녹음해 달라고 부탁했거든. 녹음 상태가 어떤지 들어봤는데, 깨끗하게 잘됐어. 류 목사님 설교 들을 때마다 내용이 너무 중요해서 녹음한 건데, 이 권사님이 중간에 나갔으니까 들어보라고. 다 듣고 나중에 줘."

영숙은 가슴이 뭉클했다. 꼭 들어보겠다고 말하며 MP3를 받았다.

"다음 주에도 갈 거면 연락해."

임 권사는 윙크했다. 영숙이 집으로 들어가자 아들이 그녀를 맞이했다. 아들은 쭈뼛쭈뼛 말했다.

"엄마, 미안해. 지난주에 같이 교회 가기로 해놓고 안 가서. 그날 여자 친구랑 헤어져서 그만…, 이번 주에는 꼭 갈 거야."

안방으로 들어가니 남편은 이불도 없이 자고 있었다. 영숙은 왠지 그가 가여워서 이불을 꺼내 살며시 덮어 주었다. 그리고 다른 방으로 가서 임 권사가 준 MP3를 재생했다.

인간의 본질, 본질적 문제, 이를 해결하는 그리스도. 40여 년 신앙생활을 하는 동안 한 번도 들어본 적 없는 말씀이었다. 설교를 들으면서 그녀는 두 눈이 뜨거워지는 것을 느꼈다. 진정한 회개와 기쁨이 영혼의 깊은 곳에서 샘물처럼 솟아나 양 볼을 타고 흘러내렸다. 새로운 시작을 예감하는, 희망의 눈물이었다.

오네시모와 크리스마스

That Night

오네시모와 크리스마스

"선교의 핵심은 무엇일까요? 바로 현지에서 만나게 될 제자입니다. 부활하신 주님께서 말씀하셨습니다. '너희는 가서 모든 민족을 제자로 삼으라(마28:19).' 이 말씀은 우리더러 맨땅에 헤딩하듯 제자가 될 만한 사람을 찾으러 돌아다니라는 말이 아닙니다. 하늘과 땅의 모든 권세를 가지신 우리 주 예수 그리스도께서는 우리를 보내시는 곳에 이미 제자를 예비해 두셨습니다. 우리가 하나님의 말씀을 따라 선교 현장으로 갈 때, 반드시 복음에 반응하는 숨겨진 자들을 만나게 되고, 그들을 살리고 제자로 세우게 되는 것이지요.

사도행전 16장의 '루디아'가 예비된 제자의 대표적인 예라고 할 수 있습니다. 하나님께서는 사도 바울이 아시아에서 복음을 전하지 못하게 하셨는데, 이는 로마를 통한 세계 복음화의 큰 그림을 깨닫게 하기 위함이었습니다. 아시아의 끄트머리에 있는 드로아에서 기도하던 바울에게 드디어 마게도냐의 문이 열렸습니다. 마게도냐는 당시 전 세계의 수도였던 로마로 가기 위한 관문과도 같은 곳이었지요. 그 마게도냐의 초입에 있는 빌립보 성에서 바울은 루디아를 만나게 됩니다. 루디아는 아시아의 두아디라와 마게도냐의 빌립보를 오가며 자색 옷감을 거래하던 상인이었는데, 바울이 전한 복음을 듣고 그의 말을 따르게 되었지요. 그리고 그녀의 집에서 시작된 교회가 바로 빌립보 교회가 되었습니다.

이에 관하여 성경은 두 가지 중요한 말씀을 기록하고 있습니다. 13절에는 바울과 일행이 기도할 곳이 있을까 해서 나갔다, 14절에는 주께서 루디아의 마음을 열어 바울의 말을 따르게 하셨다, 라고 되어 있습니다. 선교의 현장에서 성령의 인도를 받기 위해 기도를 계속하던 중 하나님께서 예비해 두신 제자를 만난 것이지요. 예비된 제자는 선교사의 말이 논리적이고 설득력이 있기 때문이 아니라, 하나님께서 그 마음을 여시기 때문에 복음을 받아들이고 따르게 됩니다.

모든 성도님께서 이번 선교사 파송을 두고 특히 기도해야 할 것은 바로 이 부분입니다. 성령의 인도하심으로 우리 손기훈 선교사님이 필리핀 곳곳에 숨겨진 제자를 찾아 세울 수 있도록 함께 마음을 담고 기도해 주시기를 부탁드립니다.

하나님의 뜻이 분명한 이번 파송으로 필리핀의 여러 민족에게 예수 그리스도의 빛이 비추어져 창세 전에 작정된 자들을 건지고 세우게 될 것이며, 또 이것이 세계 복음화의 축복으로 이어질 줄 을 확신합니다."

담임 목사인 박영식 목사의 설교가 끝나고 노회의 여러 목사가 연이어 축사했다. 그리고 모두 기훈의 머리에 손을 얹고 함께 기도했다. 그렇게 파송을 위한 수요 예배는 마무리되었다. 기훈은 이제 이틀 후면 가족과 함께 출국하는 것이었다.

>>>

기훈은 서울 태생으로 부모님을 따라 교회에 다녔다. 어렸을 때부터 구원의 은혜에 진정으로 감사하는 마음을 가지고 있던 그의 삶은 학교와 교회밖에 모를 정도로 신앙생활 위주였다.

국민학교 시절, 그는 '사회과 부도' 교과서에 있는 세계 지도와 각종 통계를 살펴보는 것을 좋아했는데, 세계 각국의 위치는 물론 수도를 거의 다 외우고 있었다. 심지어는 안 보고도 세계 지도를 자세히 그릴 수 있을 정도였다. 그가 세계 선교에 대한 마음을 품게 된 것은 어쩌면 당연한 일인지도 몰랐다.

기훈은 선교를 위해서 언어가 필수라는 생각에 영어를 열심히 공부했다. 시간이 날 때면 이태원이라든가, 김포공항처럼 외국인을 쉽게 만날 수 있는 곳을 다니며 영어로 대화를 시도했다. 특히 군대를 카투사(KATUSA: Korean Augmentation Troops to the United States Army의 약칭)로 용산 미군 기지에서 복무했는데, 이때 미군과의 접촉이 많아 그의 영어 실력은 일취월장했다.

총신대학교를 졸업하고 같은 학교의 대학원 과정을 마친 그는 어렸을 때부터 다녔던 건대 근처에 있는 교회에서 전도사로 있다가 1년 전부터는 부목사로 교회를 섬겼다.

기훈이 전도사였을 때 박 목사는 성도들의 전도 훈련을 위해 주일마다 둘씩 짝을 지어 인근으로 내보냈다. 기훈도 한 성도와 함께 건대입구역 주변을 돌아다녔다. 그러다가 길에서 만난 한 젊은 외국인 남자에게 복음을 전하게 되었다. 그는 필리핀 사람으로 이름은 조나단Jonathan이었다. 조나단은 예수 그리스도를 구원자로 받아들이고 곧바로 교회에 나오기 시작했는데, 한국어에 익숙하지 않아 박 목사는 그를 위하여 설교를 영어 동시통역으로 진행하기로 했다. 이때 기훈이 통역을 맡았다.

조나단은 필리핀 루손Luson 중부의 한 도시 출신이었다. 미국 식민지 시절에 개발된 그 도시는 고지대에 위치하여 여름 피서지로 각광을 받았다. 그곳에 진출한 어떤 한국 중소기업의 현지 법인에서 근무하던 그는 산업연수생 자격으로 한국에 들어왔다. 조나단은 코리안 드림Korean dream을 꿈꾸며 열심히 일했으나 외국인에 대한 차별 대우와 형편없는 근로 조건을 견디다 못해 회사를 이탈하여 불법 체류자 신세가 된 상태였다. 그는 비슷한 처지에 놓인 필리핀인들의 모임에 가다가 기훈을 만나게 된 것이었다. 기훈이 전한 복음은 조나단에게 인생 전부를 뒤바꿀 만큼 충격으로 다가왔다.

기훈은 조나단과 여러 차례 하나님의 말씀을 가지고 대화를 나누면서 그가 복음을 제대로 이해하고 있다는 것과 그에게 믿음이 있음을 확인할 수 있었다. 어려운 상황 속에서도 조나단은 교회에 빠짐없이 출석하며 신앙을 키워 나갔다. 몇 개월쯤 지나 그는 자기와 친분이 있는 필리핀 사람들에게 구원자 예수 그리스도를 논리적으로 설명할 수 있는 수준이 되었다. 그가 교회로 인도한 필리핀 사람들이 스무 명에 이를 정도로 그는 복음을 전하는 데 열성적이었다. 박 목사는 기훈으로 하여금 그들을 담당하게 하여 하나님의 말씀을 나누고 가르치도록 했다. 필리핀 성도들은 대부분 20대 초중반으로 다들 기훈보다 나이가 어렸다. 기훈은 그들을 친동생들처럼 잘 돌보아 주었고, 매주 따로 모아 성경 말씀을 함께 읽고 강론하며 하나님의 놀라운 은혜와 사랑이 바르게 전달되도록 애썼다. 그렇게 1년쯤 지나니 필리핀 청년들은 영적으로 많이 성장했다.

특히 조나단은 하나님의 말씀을 기훈이 이해하는 것과 거의 동일하게 이해했다. 이를 가능하게 한 성령의 교통하심은 정말 놀라웠다. 서로 다른 문화권에서 자라온 사람이라고는 도저히 생각할 수 없을 정도로 기훈과 조나단은 마음과 생각이 잘 통하게 되었던 것이었다. 기훈은 필리핀 청년들의 현실적인 필요를 채우는 것도 중요하게 생각했다. 그래서 그들에게 한국말을 가르치는 데에도 힘썼다. 그 결과 그들은 통역 없이도 설교를 이해할 수 있게 되었고 일상생활에 큰 지장이 없을 정도로 한국어 실력이 향상되었다. 교회의 성도들도 필리핀 청년들을 통해 하나님께서 세계 선교의 중요한 문을 여시리라 믿고 기도했다. 어떤 중직자들은 자기가 운영하는 회사나 식당에 필리핀 청년들을 고용하여 내국인과 비슷한 수준의 월급을 주었는데, 이는 엄청난 혜택이었다. 하지만 불법 체류 중이었던 그들을 고용하는 것은 적발될 경우 중한 벌금을 물게 될 수 있는 일이었다.

조나단이 교회에 온 지 2년 정도가 흘렀다. 필리핀 성도의 수는 50여 명으로 늘어났다. 그런데 바로 이 시기부터 아시아의 경제에는 먹구름이 드리우기 시작했다. 태국에서 외환 위기가 발생한 것이었다. 이는 들불처럼 말레이시아, 인도네시아, 필리핀 등 아시아 각국으로 번져 나갔다.

마침내 한국에도 불똥이 튀었는데, 국가 차원의 대처는 미흡했다. 한국의 대외 신용도가 큰 폭으로 하락하면서 외화가 썰물처럼 빠져나가자 당국자들은 뒤늦게 사태의 심각성을 깨달았다. 그러나 이미 외환 보유고는 바닥을 드러낸 상태였다. 이에 정부는 급히 IMF(국제통화기금, International Monetary Fund의 약칭)에 구제 금융을 요청하기에 이르렀다. 한국에 자금을 지원하는 대신, IMF는 한국의 기업들에 강도 높은 구조조정을 요구했고 정부는 이를 받아들였다. 이 과정에서 수많은 회사가 부도처리 되었다. 실업률은 치솟았고 자살자가 속출했다. 연일 이어지는 우울한 뉴스에 대부분의 국민들은 국가의 위기를 체감했다.

외환 위기는 돈을 벌기 위해 한국에 체류하던 외국인들에게 더욱 혹독한 것이었다. 다니던 회사가 문을 닫아 일자리를 잃는 경우가 많았고, 내국인 취업 우선 정책으로 인해 다른 일자리를 구하는 것은 하늘의 별 따기나 마찬가지였다. 정부는 불법 체류자의 자진 출국을 장려하는 한편, 단속을 강화했다. 그런데 어느 날, 조나단과 몇몇 필리핀 청년들이 함께 농구를 하러 갔다가 출입국 사무소 직원들에게 적발되고 말았다. 그들이 어떻게 말을 하느냐에 따라 그들을 고용한 교회의 중직자들에게 피해가 생길 수 있는 상황이었다. 필리핀 청년들은 끝까지 자기들이 어디에서 일했는지 말하지 않았고, 결국 강제 출국 조치가 내려졌다. 박 목사와 기훈은 외국인보호소에 있던 조나단을 찾아갔다. 조나단은 박 목사와 기훈을 보고 눈물을 흘리며 말했다.

"목사님, 저는 필리핀으로 돌아가도 괜찮아요. 제발 필리핀을 도와주세요. 우리 필리핀 사람들에게는 복음이 필요해요."

성도들은 조나단과 필리핀 청년들의 출국 비용을 마련하는 데 조금씩 돈을 보탰고 얼마 후 조나단은 필리핀으로 돌아갔다. 강제 출국으로 인해 그의 재입국은 거의 불가능해졌다.

※※※

조나단의 마지막 모습은 기훈의 눈에 오래도록 남아 있었다. 기훈은 조나단과 필리핀을 위해 기도했다. 그러면서 조나단이 외국인보호소에서 했던 말을 떠올렸는데, 그때 문득 연상되는 성경 구절이 있었다.

밤에 환상이 바울에게 보이니 마게도냐 사람 하나가 서서

그에게 청하여 이르되 마게도냐로 건너와서 우리를 도우라 하거늘
바울이 그 환상을 보았을 때 우리가 곧 마게도냐로 떠나기를 힘쓰니
이는 하나님이 저 사람들에게 복음을 전하라고
우리를 부르신 줄로 인정함이러라
행16:9~10

'필리핀과 관련하여 나를 향한 하나님의 어떤 계획이 있는 것은 아닐까?'

그는 이런 생각을 하며 하나님의 뜻을 알기 위해 날마다 말씀을 깊이 묵상했다. 며칠 후, 박 목사가 기훈을 불렀다.

"기훈아, 우리 함께 기도해 보자. 아무래도 조나단과 필리핀 청년들을 통해 하나님께서 세계 복음화의 중요한 문을 여실 것 같다는 생각이 든단 말이야. 조나단 일로 며칠 전부터 집중해서 기도했는데, 사도행전 16장 9~10절이 떠올라서 지금까지도 뇌리를 떠나지 않고 있어. 드로아에서 기도하던 바울과 그 일행을 마게도냐로 인도하신 내용 말이지."

기훈은 적잖이 놀랐다.

"목사님, 사실 저도 조나단을 위해 기도하다가 바로 그 구절들이 생각났습니다. 이를 두고 하나님의 뜻이 무엇인가 하면서 계속 말씀을 묵상하던 참이에요."

"오, 그래? 음…, 우리 안에 계신 성령님이 우리에게 같은 말씀을 주셔서 이 일에 중요한 하나님의 계획이 있다는 것을 알리시

는 모양이군. 사실 너를 부른 것은 우리 교회가 필리핀에 선교사를 파송하는 게 좋겠다고 생각했기 때문이야. 그 일에 바로 네가 적임자로 여겨지는데. 하나님께서 너를 통해 조나단을 복음 속으로 인도하신 것도 그렇고, 필리핀 성도들을 영적으로 많이 성장시키신 걸 보면 말이야. 또 내가 지금까지 보아 온 손기훈 목사는 하나님 앞에서 신실하고 어디 내놓아도 손색없는, 굉장히 실력 있는 교역자니까 이 일을 맡겨도 충분할 거라고 생각되는군."

"부족한 저를 그렇게 생각해 주시니 감사합니다."

"결단하게 되면 인생에 엄청난 변화가 일어나게 되는 일이니까, 너무 쉽게 결정해서는 안 되겠지. 그럼 함께 기도하면서 하나님께서 어떻게 답을 주시는지 보자고."

"알겠습니다, 목사님."

기훈은 박 목사의 제안을 받고 나서 필리핀에 관해 연구하기 시작했다. 필리핀 청년들과 함께하면서 알게 된 내용도 있었지만, 그것만으로는 필리핀이라는 나라를 파악하기에 충분하지 않았다. 그는 문헌을 통해 역사, 산업, 민족 구성, 사람들의 습성 등을 살펴보면서 필리핀이 어떤 곳인지 대략적인 그림을 머릿속에 그려 볼 수 있었다. 그러한 과정에서 그의 생각을 사로잡은 것은 '필리핀 디아스포라'Philippines' Diaspora에 관한 내용이었다. 1998년 당시 필리핀은 아시아에서 중국, 인도에 이어 세 번째로 해외 진출 인구가 많은 나라였다. 인구의 약 10퍼센트에 해당하는 750만의 필리핀인들이 해외에서 일하고 있었다. 결혼이나 이민을 포함하면 더욱 많은 이들이 전 세계에 흩어져 있는 것이었다. 기훈은 말씀을 떠올렸다.

> **이 천국 복음이 모든 민족에게 증언되기 위하여
> 온 세상에 전파되리니 그제야 끝이 오리라**
> **마24:14**

가난에서 벗어나기 위해, 새로운 삶을 시작하기 위해 계속해서 전 세계로 진출을 모색하는 필리핀 사람들이 복음을 가지고 나가게 된다면, 온 세상에 복음이 전파되는 중요한 통로가 될 수 있을 것이라고 기훈은 생각했다. 해외로 나간 필리핀 사람들은 대개 건설 노동이나 공장 일과 같이 해당 국가의 사람들이 기피하는 일을 하거나, 가정부나 보모로 활동하는 경우가 많았다. 영어에 능통하다는 이유로 필리핀인 가정부와 보모에 대한 수요는 매우 높았다. 기훈은 이 특성을 고대 로마 제국이 기독교 국가로 변화하게 된 과정과 연결해 볼 수 있다고 생각했다. 하나님께서는 로마를 정복하기 위해 복음이 다양한 계층에게 전파되도록 하셨다. 특히 로마에서 궂은일에 종사하던 수많은 노예에게 복음이 흘러 들어갔다. 그들은 모든 권세가 하나님으로부터 났으므로 위에 있는 권세에 복종하라(롬13:1)는 말씀에 따라 로마의 각 집안에서 주인을 성실히 섬기면서 예수 그리스도의 빛을 비추었고, 해방되어 로마 시민권을 받으면 주인의 신실한 협조자로서 신뢰 관계를 형성하며 복음을 전달했다. 또 가정교사나 보모의 역할을 하던 자들은 로마의 여러 가정에서 아이들에게 복음을 심었던 것이었다.

연구하면 할수록 기훈의 마음은 필리핀에 가는 쪽으로 기울었다. 하지만 선교사로 나가는 것이 정말 하나님의 뜻이 확실한지 마지막으로 확인받기 위해 이렇게 기도했다.

'하나님, 만약 제 아내가 흔쾌히 허락한다면, 저와 저희 가정을 향한 하나님의 뜻이 필리핀에 있다고 최종적으로 확인받은 것으로 알고 가도록 하겠습니다.'

기훈은 신학대학원에 다니면서 교육전도사로 교회를 섬기던 때에 아내를 만나 결혼했다. 기훈의 아내도 물론 선교에 대한 마음은 있었다. 그런데 은근히 개발도상국을 선호하지 않는 눈치였던 것이었다.

어느 날 아침, 기훈은 아내에게 박 목사의 제안에 관해 이야기했다. 아내는 여섯 살 난 딸아이의 머리를 두 갈래로 땋아 주면서 말했다.

"눈을 감고도 세계 지도를 그릴 수 있는 전도사와 결혼하면서 언젠가 이런 날이 올 거라고 생각했어. 사실 난 당신이 필리핀 사람들 담당하는 거 썩 마음에 들진 않았어. 만약 우리가 선교하러 가게 된다면 유럽이나 미국, 캐나다, 호주처럼 우리 예원이 교육에 도움이 되는 곳을 바랐거든. 하지만…, 그건 내 욕심일 뿐이고, 하나님이 원하시는 곳으로 가야지. 좋아, 필리핀으로 가 보자!"

기훈은 한걸음에 달려가 박 목사에게 필리핀으로 가겠다는 뜻을 전했다. 주일 예배 후에 당회가 열렸고, 기훈은 그간의 일들에 대해 자세히 설명했다. 시무 장로들은 하나님께서 필리핀에 복음을 전하는 일을 교회에 맡기셨다고 인정하며 만장일치로 선교사 파송을 결정했다. 약 3개월 동안 기훈은 맡고 있던 사역을 인계하고 비자와 주거 문제, 아이 교육 문제, 교회 설립 관계 등을 상세히 파악했다. 크리스마스를 열흘 앞두고 드디어 기훈은 가족과 함께 출국했다.

⁂

네 시간 반 만에 마닐라 공항에 내리자 더운 공기가 온몸을 감쌌다. 기훈은 두꺼운 점퍼를 벗었다. 입국 심사대를 통과하고 수화물을 찾는 곳으로 가니 사람들은 여름 옷차림을 하고 있었다. 기훈과 아내는 옷을 갈아입고 겨울옷을 여행 가방에 넣었다. 이제 한동안 입을 일이 없겠지, 하고 기훈은 생각했다. 그는 앉을 곳을 찾아 아내와 딸과 함께 감사 기도를 드린 뒤 공항 밖으로 나갔다.

마닐라 공항 주변은 온갖 차들로 매우 복잡했다. 게다가 매연이 심해 눈과 코가 따가울 정도였다. 기훈의 가족은 택시를 타고 메트로 마닐라Metro Manila의 케손 시티Quezon City에 속한 쿠바오Cubao의 호텔로 이동했다. 아라네타 콜로세움Araneta Coliseum으로 유명한 상업 지역인 쿠바오에는 조나단이 있는 지방 도시로 가기 위한 버스 터미널이 있었다.

우리나라의 서울에 해당하는 메트로 마닐라는 1,000만에 가까운 인구가 밀집해 있으나 인프라가 부족하고 일부 부촌을 제외하면 도시가 잘 정비되지 않아 생활환경이 썩 좋지 않았다. 호텔로 가는 동안 기훈의 눈에 들어온 도시의 혼잡한 모습은 80년대 청계천 일대와 비슷해 보였다.

호텔에 도착한 기훈은 조나단에게 전화를 걸었고, 조나단은 다음 날 버스를 타고 오는 기훈의 가족을 저녁에 마중 나오기로 했다. 이튿날 아침, 일찍 시외버스를 탄 기훈은 아홉 시간 만에 목적지에 도착했다. 서울-대구 간의 거리보다 짧았으나 마닐라 대도시권의 정체가 너무 심각한 데다가 통과하는 도시마다 차가 막혀 시간이 꽤 오래 걸렸다.

조나단은 일찍부터 나와 있었다. 몇 달 만의 재회에 기훈과 조나단은 서로를 얼싸안았다. 조나단은 한국에서 번 돈으로 가게를 하나 열었는데 장사가 잘 되어 지점을 늘릴 계획이라고 했다.

기훈은 며칠 동안 호텔에서 머물며 집부터 구하기로 했다. 조나단의 도움으로 기훈은 어렵지 않게 방이 다섯 칸, 화장실이 누 개 있는 2층짜리 주택을 렌트할 수 있었다. 당분간 방이 많은 1층은 사택으로, 거실이 넓은 2층을 교회로 쓰기로 했다. 이 주택은 시내 중심과 가까워 어디에서도 어렵지 않게 찾아올 수 있었다. 한 가지 흠이 있다면 인적이 드문 언덕을 올라가야 한다는 것이었다. 하지만 집 상태가 깔끔하고 시내가 훤히 내려다보인다는 점이 기훈의 마음에, 정확히 말하면 기훈 아내의 마음에 들었다. 예배는 집을 구하자마자 바로 드리기 시작했다. 조나단과 그의 가족들이 첫 성도들이었다.

꿹꿹꿹

기훈은 처음 얼마 동안 도시를 두루 다녀보기로 했다. 가톨릭을 국교로 하는 나라여서 그런지 거리 곳곳마다 아주 화려한 크리스마스 일색이었다. 중심가에는 거대한 트리가 온갖 반짝이는 것들로 장식되어 있었고, 상점마다 요란한 캐럴이 흘러나왔다. 조나단은 이 시기에 필리핀 사람들의 소비가 집중된다고 했다. 낮에도 밤에도 거리는 사람들로 가득 찼다.

기훈은 그런 상업적인 분위기를 좋아하지 않았다. 사람들을 들뜨게 만드는 크리스마스라는 날은 그에게 그저 12월 25일에 불과했다. 그의 구원자이시며 주인이시며 하나님이신 예수 그리스도께서 이 땅에 오심을 기억하는 것은 특정한 날이 아니라 언제나 그가 하는 바였기 때문이었다. 쉽게 말해 그에게는 매일매일 크리스마스나 마찬가지였다.

기훈은 도시의 지리와 특성을 파악하고 영적인 영향을 주는 핵심 시설에는 어떤 것이 있는지 알아보기 위해 천천히 돌아다녔다. 이 도시는 그 중심에 미국 식민지 시절 만들어진 큰 호수 공원이 있고, 공원에 접한 도로에서 두 블록 떨어진 곳에 메인 스트리트가 있었다. 거기에는 관공서와 은행, 기업의 사무실이 몰려 있고, 카페와 음식점, 각종 상점과 쇼핑몰이 즐비했다. 대부분의 한인 업소도 거기에 있었다. 메인 스트리트에서 계단을 따라 연결된 언덕 위에는 도시 어디에서나 보일 것 같은 높고 뾰족한 두 개의 첨

탑이 특징인 큰 규모의 가톨릭 성당이 있었다. 그 바로 앞에는 리우데자네이루Rio de Janeiro의 예수상을 떠올리게 하는 거대한 마리아상이 도시를 내려다보도록 세워져 있었다. 많은 필리핀 사람들이 그 앞에서 성호를 긋고 그 발에 입을 맞추었다. 거기에서 사방을 바라보면 온통 산으로 둘러싸여 있는데, 산허리에 수많은 주택이 모여 마을을 이루고 있었다. 마치 서울 남산자락의 해방촌 같은 모습이었다. 덩굴 식물이 가지를 치듯 중심가로부터 뻗어 나가는 도로들은 구불구불하게 경사를 오르내리며 산 위의 마을들을 연결했다. 노후화된 디젤 엔진이 장착된 지프니(Jeepney: 지프를 개조하여 만든 필리핀 특유의 대중교통수단)와 택시들이 시커먼 매연을 내뿜으며 이 도로들을 통해 사람들을 실어 날랐다.

이곳은 인구가 약 25만 정도 되었는데, 열 개가 넘는 대학이 있어 교육의 수준이 매우 높았다. 특히 필리핀 최고의 명문인 국립대학교의 캠퍼스도 있었다. 하지만 폭발적으로 늘어나는 젊은 세대를 모두 받아줄 만한 일자리는 부족했다. 특히 고학력에 어울리는 양질의 일자리가 거의 없어 대학 졸업자들이 월 1만 페소(약 20만 원, 1페소는 약 20원)에도 못 미치는 적은 임금을 받고 음식점 종업원이나 소매점 판매원 등의 서비스직에 종사하는 경우가 많았다. 한국 기업을 포함한 외국 기업들이 인건비를 줄이기 위해 이곳에 공장이나 회사를 설립하기도 했으나 주로 규모가 작은 업체들이 들어올 뿐이었다. 이런 이유로 거리 이곳저곳에는 낮에도 한량처럼 어슬렁거리는 이들을 쉽게 찾아볼 수 있었다.

필리핀은 미국처럼 총기 소지가 가능한 나라였다. 불안한 치안 때문에 곳곳에 총을 휴대한 사설 경비원이 배치되어 있었다. 이 도시는 그나마 안전한 축에 속했으나 그래도 이따금 총기를 사용한 범죄 소식이 신문에 실리곤 했다.

기훈은 돈을 절약하기 위해 중심가 인근을 다닐 때는 거의 걸어 다녔고, 외곽으로 나갈 때는 현지인들처럼 지프니를 타고 다녔다. 우리나라로 치면 마을버스 같은 지프니들은 메인 스트리트와 가까운 곳에 있는 대형 쇼핑몰인 '산 파블로'San Pablo 뒤편 공터에서 출발하여 각 마을을 하루에 여러 차례 왕복하고 있었다. 마치 혈액이 심장으로부터 나와 온몸으로 퍼졌다가 다시 돌아오기를 반복하듯, 지프니들은 밤늦은 시각이 되기 전까지 계속해서 움직였다. 대부분의 지프니는 창문에 유리가 없었다. 그래서 무방비 상태인 코와 입으로 매연이 들어오기 일쑤였다. 비가 오는 날에는 천막용 비닐로 창문을 덮었다. 2주 정도 돌아다녀 보니 기훈은 도시의 지리에 제법 익숙해졌다. 한인 업소에도 다니며 한국인들과도 안면을 익혔다. 그는 이민국에서 비자를 연장하고, 교회로 이어지는 큰길가에 영어와 한국어로 된 교회 표지판을 달았다. 이를 본 몇몇 한국인들이 새로 예배에 참석했다. 조나단도 아는 사람들에게 복음을 전하여 현지인들도 교회에 왔다. 성도의 수가 스무 명에 이르렀으나 이들이 내는 헌금으로는 월세와 선교사 가족의 생활비를 감당하기에도 부족했다. 한국의 교회에서는 매달 150만 원을 보냈는데, 그 돈으로 교회를 유지할 수 있었다. 기훈은 매달

하순경 은행에 들러 돈을 인출했다.

기훈은 교회 성도들의 영적 성장을 위해 그들의 거처나 사업장을 방문하며 하나님의 말씀을 전하는 한편, 본격적으로 전도에 나섰다. 그는 우선 여러 대학을 돌아다녀 보기로 했다. 인구의 절반에 가까운 수가 대학생인 이 도시에는 여기서 나고 자란 학생들이 많았지만, 필리핀 전역과 다른 나라에서 유학을 온 이들도 적지 않았다. 기훈은 시내에서 가까운 여러 대학교 앞에서 길거리 전도를 시도해 보았는데, 대부분 시간이 없다거나 가톨릭 신자라서 자기들도 예수를 믿고 있다는 대답이 돌아왔다. 그래도 기훈은 낙심하지 않았다. 그는 하나님이 예비하신 제자들이 어디엔가 분명히 있다는 믿음으로 매일같이 나갔다. 그동안 몇몇이 복음을 받고 예수를 영접하기도 했으나 교회로 나오는 사람은 거의 없었다.

≫≫≫

해가 바뀌었다. 전년도에 WBC(세계 권투 평의회, World Boxing Council의 약칭) 플라이급 챔피언을 거머쥐며 혜성처럼 등장한 권투 천재 매니 파키아오 Manny Pacquiao가 WBC 슈퍼 밴텀급 챔피언에 오른 바로 그 해였다.

기훈이 필리핀에 온 지도 어느덧 3개월가량 지났다. 아침과 저녁으로 선선한 건기가 지나고, 3월부터는 여름에 접어들었다. 여름이라고 해도 최고 기온이 우리나라 늦봄 정도에 불과했다. 어느 날, 기훈은 시내 중심에서 꽤 떨어진 주립대학교로 가기 위해 지

프니를 타러 갔다. 처음 가 보는 곳이어서 지프니 기사에게 목적지를 확인했다. 기사는 명랑하게 웃으며

"Of course, of course!"(물론이죠, 물론이죠!)

하고 말했다. 지도상으로는 시 외곽으로 나가는 도로를 따라 쭉 달리면 목적지에 도착하게 되어 있었다. 그런데 차는 시내 인근을 계속 돌다가 어느 지점에 이르러서 경사로를 따라 아래로 내려가기 시작했다. 구불구불한 길을 약 10분 정도 가다가 어떤 마을 초입에 있는 공터에서 멈추었다. 거기가 종점인지 타고 있던 사람들이 전부 하차했다. 기훈도 일단 내렸다. 그는 같이 내린 사람 중 하나를 붙잡고 물었다. 그 사람은 20대 초반으로 보이는 젊은 남자로 타갈로그(Tagalog: 필리핀의 공용어) 억양이 섞이지 않은, 거의 완벽한 미국식 영어를 구사했다.

"How can I get to the state university?"(주립대학교로 가려면 어떻게 해야 하나요?)

"State university? It's far from here. You have to go back to San Pablo and take another jeepney or taxi."(주립대학교? 거긴 여기서 멀어요. 산 파블로로 되돌아가서 다른 지프니나 택시를 타야 해요.)

"Then, where am I now?"(그럼 지금 나는 어디에 있는 거죠?)

"You are in Old Pine Valley, now."(당신이 있는 곳은 올드파인밸리에요.)

기훈은 지프니 기사에게로 가서

"San Pablo?"(산 파블로?)

하고 물었다. 기사는 고개를 젓더니 손목시계를 보여 주었다. 기사는 영어를 잘하지 못하는 모양이었다. 기훈은 젊은 남자에게 언제 시내로 출발하는지 물어봐 달라고 부탁했다. 젊은 남자는 지프니 기사와 타갈로그어로 몇 마디 이야기하더니 돌아와 말했다.

"3 o'clock. I'm sorry but you have to wait."(3시래요. 유감스럽지만 기다려야겠네요.)

기훈이 시계를 보니 아직 한 시간이나 남았다. 기훈은 이왕 이렇게 된 거, 처음 와 보는 이 동네를 돌아다녀 보기로 했다. 젊은 남자가 기훈에게 물었다.

"Where are you from? Japan? China?"(어디서 왔어요? 일본? 중국?)

"I'm from Korea."(한국에서 왔어요.)

"Ah, Korea. Why are you going to the state university?"(아, 한국이요. 주립대학교에는 왜 가는 거죠?)

"I'm a missionary and I'm going there for evangelism."(나는 선교사예요. 거긴 전도하러 갑니다.)

기훈이 대답했다. 그러자 그가 물었다.

"What do you believe in?"(당신은 무엇을 믿죠?)

"I believe in Lord Jesus Christ. How about you?"(나는 주 예수 그리스도를 믿어요. 당신은요?)

"Nothing. Many Filipinos are Catholics, though."(아무것도 안 믿어요. 많은 필리핀 사람들은 가톨릭 신자이지만요.)

"You were Catholic before, weren't you?"(당신은 전에 가톨릭 신

자였죠, 아닌가요?)

"Yes, I was. But I couldn't find God. Nobody had proven God to me. When I and my family really needed help, God never answered us. So I came to a conclusion that there was no God. You said you are a missionary, what are you going to say?"(맞아요, 가톨릭 신자였죠. 하지만 하나님을 찾을 수 없었어요. 누구도 나에게 하나님을 증명하지 못했어요. 나와 내 가족에게 정말 도움이 필요할 때, 하나님은 응답하지 않았지요. 그래서 나는 하나님은 없다는 결론을 내렸어요. 당신은 선교사라고 했죠. 이에 대해 뭐라고 말하겠어요?)

그의 눈에는 증오가 가득했다. 이 아이는 하나님이 어떤 분이신지 전혀 모른다, 기훈은 그렇게 생각하며 한국의 교회에 있을 때 박 목사가 했던 설교 내용을 떠올렸다. 박 목사는 무속 등의 심각한 우상 숭배를 하는 사람이나 예수 그리스도를 심하게 미워하고 거부하는 사람일수록 그 자신이나 가족들에게 영적인 문제로부터 비롯되는 질병 또는 정신의 이상이 있는 경우가 많다고 했었다.

"Do you have time?"(시간 좀 있나요?)

기훈이 물었다.

"Yes, I do."(네, 있어요.)

그는 대답했다.

"You have someone who has a serious disease or a mental illness in your family, don't you?"(당신 가족 중에 심각한 질병이나 정신

질환을 겪는 사람이 있어요. 그렇지 않나요?)

그는 깜짝 놀라며 물었다.

"How do you know that?"(그걸 어떻게 알아요?)

"And no one could heal that one."(그리고 아무도 그 사람을 치유할 수 없었죠.)

"No, no one could. Some priests came to do an exorcism and we had done whatever we could according to their instruction but it was no use at all. They demanded that my family no longer come to the church. If you can do anything, please help us."(몇몇 신부들이 와서 퇴마 의식을 행했고 우리는 그들의 지시에 따라 할 수 있는 것을 다해봤지만 전혀 소용이 없었어요. 그들은 우리 가족이 성당에 더이상 나오지 말기를 요구했어요. 만약 당신이 무엇을 할 수 있다면 우리를 도와주세요.)

기훈은 속으로 잠깐 기도했다.

'하나님, 이 집에 귀신 들린 사람이 있는 모양입니다. 하나님께서는 무슨 계획을 가지고 계십니까. 제가 무엇을 어떻게 해야 할까요.'

그때 말씀이 떠올랐다.

보혜사 곧 아버지께서 내 이름으로 보내실 성령 그가 너희에게 모든 것을 가르치고 내가 너희에게 말한 모든 것을 생각나게 하리라

요14:26

> 믿는 자들에게는 이런 표적이 따르리니
> 곧 그들이 내 이름으로 귀신을 쫓아내며 새 방언을 말하며
> 뱀을 집어올리며 무슨 독을 마실지라도 해를 받지 아니하며
> 병든 사람에게 손을 얹은즉 나으리라 하시더라
>
> **막16:17~18**

기훈은 그에게 물었다.

"Where is your house?"(집이 어디예요?)

그가 마을 안쪽을 가리키자 기훈이 말했다.

"Let's go."(갑시다.)

기훈은 가면서 이름을 물었다. 그의 이름은 요아킴^{Joachim}이었다. 필리핀 국립대학교 중등교육과에 재학 중이며 영어가 전공이라고 했다. 마을 안쪽으로 들어가니 허름한 집들이 줄지어 있고 벽 군데군데 판자가 붙어 있는 것이 보였다. 엉성하게 얹혀 있는 슬레이트 지붕은 태풍이라도 불면 날아가 버릴 것 같았다. 쓰레기가 곳곳에 쌓여 있었는데, 치우는 사람이 없는지 오래된 악취가 풍겼다. 분명 밝은 햇살이 비쳐 들고 있었으나 마을은 우중충한 잿빛을 띠었다.

어디선가 아이들이 재잘대는 소리가 들렸다. 유치원 다닐 나이의 꼬마들이 거의 발가벗은 채 몰려다니며 놀고 있었다. 한 아이가 기훈을 보고 달려와서 웃으며

"Hello!"(안녕하세요!)

라고 인사하고는 재빨리 무리로 되돌아갔다. 그러자 다른 아이들도 하나씩 와서 똑같이 인사하고 갔다.

그때, 멀리서 머리에 두건을 쓴 남자 하나가 슬렁슬렁 걸어오는 것이 보였다. 그를 본 아이들은 달아나듯 갑자기 어디론가 사라져 버렸다. 그는 요아킴과 기훈의 반대편에서 다가오고 있었는데, 기훈은 왠지 그가 자기를 주시하고 있다는 느낌을 받았다. 거리가 가까워졌을 때 그를 보았더니 역시 그랬다. 그 남자는 강렬한 눈빛으로 기훈을 노려보고 있었던 것이었다. 그는 예순은 넘어 보이는 노인이었다. 전체적으로 붉은색 계통에 양쪽 소매만 하얀색인 전통 의상 같은 옷을 입고 있었다. 기훈은 그를 지나쳐서 조금 가다가 낮은 목소리로 요아킴에게 물었다.

"Who is he?"(그 남자 누구예요?)

"He is a shaman, he has lived here for a long time."(그는 주술사예요. 여기 오래 살았어요.)

골목을 돌자 요아킴이 멈춰 섰다. 그들은 집 안으로 들어갔다. 요아킴의 어머니로 보이는 중년 여성이 있었다. 페인트칠이 벗겨진 때문은 벽과 낡은 집기들이 눈에 들어왔다. 집안은 정돈이 썩 잘 되어 있는 편은 아니었으나 그래도 기훈이 예상한 것보다는 훨씬 괜찮았다. 거실에는 책이 굉장히 많았다. 요아킴은 사다리를 가리키며 말했다.

"My father is on the second floor."(우리 아버지는 2층에 계세요.)

그들은 2층으로 올라갔다. 위에는 공간이 제법 넓었고 가구 몇 개와 침대 하나가 놓여 있었다. 오래되고 묵직한 공기가 정체되어 있고, 그 안에 어떤 악한 기운이 서려 있는 느낌이었다. 침대에는 요아킴의 아버지가 누워 있었다. 그는 입에 거품을 물었고 이를 갈았으며 그의 눈동자는 제멋대로 움직였다. 그 모습을 본 기훈은 약간의 두려움이 생겼다. 하지만 아까 떠오른 말씀을 생각하며 마음을 추슬렀다.

"How long has he been like this?"(언제부터 이랬죠?)

기훈이 물었다.

"About 3 years."(약 3년쯤이요.)

그때, 요아킴의 아버지가 침대에서 내려와 알 수 없는 말을 중얼거리더니 바닥을 데굴데굴 구르기 시작했다. 그의 입에서 거품이 잔뜩 흘렀다. 그러다가 갑자기 똑바로 일어섰다. 그리고는 남성인지 여성인지 구분할 수 없는 괴상한 목소리로

"제발 나를 괴롭히지 마!"

하고 계속 소리쳤다. 기훈은 자기 귀를 의심했다. 그가 어떻게 한국말을 할 수 있단 말인가? 발음이 비슷한 타갈로그어 문장인가?

기훈은 요아킴에게 물었다.

"What is he saying?"(그가 뭐라고 하는 거죠?)

"I have no idea."(몰라요.)

"Does he speak Korean?"(그가 한국어를 할 수 있나요?)

"No, no way."(그럴 리가요.)

요아킴이 고개를 저으며 말했다. 귀신의 역사임을 확인한 기훈은 하나님의 말씀에 의지하여 요아킴의 아버지에게 다가섰다. 그리고 엄한 목소리로 말했다.

"내가 주 예수 그리스도의 이름으로 네게 명하노니 이 사람에게서 당장 나와라."

그 순간, 요아킴의 아버지는 푹 쓰러졌다.

"Papa!"(Dad! / 아버지!)

요아킴은 그에게 달려가 일으켜 세우려 했다. 요아킴의 아버지는 정신을 잃은 채 축 늘어져 있었다.

"What did you do to him!"(그에게 무슨 짓을 한 거예요!)

요아킴이 기훈을 노려보며 소리쳤다. 요아킴의 목소리를 듣고 그의 어머니가 2층으로 올라왔다. 기훈은 말없이 요아킴의 아버지에게 다가가서 그의 손목을 잡았다. 그는 심호흡을 한 번 하고 나서 잡아당겼다. 그러자 요아킴의 아버지는 일어났다. 정신이 되돌아왔고, 제멋대로 움직이던 눈동자도 정상이 되었다. 그는 어안이 벙벙한 얼굴로 기훈과 요아킴을 번갈아 바라보았다.

"Papa, kumusta ang pakiramdam mo?"(Dad, how are you feeling? / 아버지, 좀 어때요?)

"Okay na ako."(I'm okay. / 난 괜찮아.)

요아킴의 어머니가 울기 시작했다. 요아킴도 아버지를 끌어안고 울었다.

요아킴의 가족은 주일날 교회에 왔다. 요아킴과 산 파블로에서 보안 요원으로 근무하는 그의 형, 아버지, 어머니 모두 예수를 구원자로 영접하고 하나님께 예배를 드렸다. 요아킴의 가족은 원래 도시의 다른 구역에 살고 있었다. 그러나 그의 아버지가 귀신 들리자 그를 치료하기 위해 많은 돈을 쓰는 바람에 가난한 동네로 이사하게 된 것이었다. 기훈은 요아킴과 그의 가족들에게 말씀을 전하러 일주일에 한 차례 올드파인밸리로 갔다. 이때, 요아킴 아버지의 일을 알게 된 마을 사람들도 말씀을 들으러 왔다. 귀신을 쫓아내는 하나님의 놀라운 역사를 보았기 때문인지 요아킴은 스펀지가 물을 흡수하듯 말씀을 받아들였다. 기훈은 그의 학교에서 그를 따로 만나 성경을 가르쳤다.

얼마 정도 지나 요아킴도 예수 그리스도가 누구이며, 왜 이 땅에 오셔야 하는지, 하나님의 자녀가 무엇을 해야 하는지 등을 이해하여 설명할 수 있게 되었다. 그는 기훈이 필리핀에서 그리스도께 처음 맺은 열매였다. 기훈은 영적으로 그를 더 양육하여 이 지역에 지속할 교회의 주역으로 세우고자 했다. 그래서 학교 수업이 바쁘지 않거나 연휴 또는 방학에는 요아킴을 데리고 다니며 사역을 하고, 시간이 날 때마다 그와 강론을 했다.

"Many Christians usually say 'Jesus is my Master' but it doesn't seem that they really know the exact meaning of that.

Do you know what that means, Joachim?(많은 기독교인들이 '예수님은 나의 주인이다.'라고 말하지만 그게 진짜 무슨 뜻인지 알지 못하는 것 같아. 너는 그게 무슨 말인지 아니, 요아킴?)

"The exact meaning of 'Jesus is my Master'? Actually I'm not sure that I know. Please, teach me, pastor."(예수님이 나의 주인이라는 말의 정확한 뜻이요? 사실 잘 모르겠어요. 가르쳐 주세요, 목사님.)

"The Holy Spirit in you will teach you. It's better to find the meaning from the Holy Bible than my explanation. Look at John chapter 2."(네 안에 계신 성령께서 가르쳐 주실 거야. 내 설명보다 성경을 통해 뜻을 찾는 것이 더 좋지. 요한복음 2장을 봐.)

그들은 성경을 펼쳐 요한복음 2장 1절에서 11절까지를 읽었다.

On the third day a wedding took place at Cana in Galilee. Jesus mother was there, and Jesus and his disciples had also been invited to the wedding. When the wine was gone, Jesus mother said to him, "They have no more wine." "Dear woman, why do you involve me?" Jesus replied. "My time has not yet come." His mother said to the servants, "Do whatever he tells you." Nearby stood six stone water jars, the kind used by the Jews for ceremonial washing, each holding from twenty to thirty gallons. Jesus said to the servants, "Fill the jars with water"; so they filled them to the brim. Then he told them, "Now draw some out and take it to the master of the banquet." They did so, and the master of the banquet tasted the water that had been turned into wine. He did not realize where it had come from, though the servants who had drawn the water knew. Then he called the bridegroom aside and said, "Everyone brings out the choice wine first and then the cheaper wine after the guests have had too much to drink; but you have saved the best till now." This, the first of his miraculous signs, Jesus performed at Cana in Galilee. He thus revealed his glory, and his disciples put their faith in him. John 2:1~11(사흘째 되던 날 갈릴리 가나에 혼례가 있어 예수의 어머니도 거기 계시고 예수와 그 제자들도 혼례에 청함을 받았더니 포도주가 떨어진지라 예수의 어머니가 예수에게 이르되 저들에게 포도주가 없다 하니 예수께서 이르시되 여자여 나와 무슨 상관이 있나이까 내 때가 아직 이르지 아니하였나이다 그의 어머니가 하인들에게 이르되 너희에게 무슨 말씀을 하시든지 그대로 하라 하니라 거기에 유대인의 정결 예식을 따라 두세 통 드는 돌항아리 여섯이 놓였는지라 예수께서 그들에게 이르시되 항아리에 물을 채우라 하신즉 아귀까지 채우니 이제는 떠서 연회장에게 갖다 주라 하시매 갖다 주었더니 연회장은 물로 된 포도주를 맛보고도 어디서 났는지 알지 못하되 물 떠온 하인들은 알더라 연회장이 신랑을 불러 말하되 사람마다 먼저 좋은 포도주를 내고 취한 후에 낮은 것을 내거늘 그대는 지금까지 좋은 포도주를 두었도다 하니라 예수께서 이 첫 표적을 갈릴리 가나에서 행하여 그의 영광을 나타내시매 제자들이 그를 믿으니라요2:1~11)

"There are some strange things. What do you think?"(여기에

는 좀 이상한 점들이 있어. 어떻게 생각하니?)

기훈이 물었다.

"Well, Jesus didn't seem to perform miraculous signs. He said 'My time has not yet come.' but he did."(음, 예수께서 기적을 행하지 않으려는 것 같았어요. 그분은 '내 때가 이르지 않았다.'라고 하셨죠. 그렇지만 그는 행하셨어요.)

"Yes, we don't know exactly what 'his time has come' means. But 'something' in this story changed 'his time has not come' to 'his time has come', we can figure it out through Jesus, as he was the one who turned water into wine."(그래, 우리는 '그의 때가 이르렀다.'는 것의 의미를 잘 알지 못해. 그러나 이 이야기의 '무언가'가 그의 때를 이르도록 했어. 예수께서 물을 포도주로 만든 일을 통해 그것을 알 수 있어.)

"What changed?"(무엇이 그런 변화를 일으킨 거죠?)

"Think about it."(생각해 봐.)

"The servants' obedience to Jesus?"(예수의 말씀에 대한 종들의 순종인가요?)

"Exactly! But it's so strange. What do you think?"(정확해! 그렇지만 그 순종은 아주 이상하지. 어떻게 생각해?)

"Well, Jesus was not their master but they obeyed."(음, 예수님은 그들의 주인이 아니었지만 그들은 순종했어요.)

"Right. Jesus was a guest and irrelevant to them, even

at that time, no one knew that he was the Christ but they obeyed. That's really really strange. What if a visitor asks the staff at a cafe to change the interior, should the staff listen to the advice given by the visitor?"(맞아. 예수께서는 손님이었고 그들과 아무런 상관이 없었어. 심지어 그때는 누구도 그가 그리스도이신지 몰랐어. 그런데도 그들은 순종했어. 정말 이상한 일이지. 만약에 어떤 손님이 카페의 종업원에게 인테리어를 바꾸라고 말한다면 종업원이 그 지시에 따라야 하니?)

"No."(아니요.)

"If the staff changes the interior, it's really ridiculous. The servants' obedience was the same thing. But amazingly, that obedience changed to 'his time has come'. When someone accepts Jesus as the savior, Jesus gets into the heart of that person as a guest not the master."(만약 그 종업원이 인테리어를 바꾼다면 그것은 정말 우스꽝스러운 일이지. 그 종들의 순종은 바로 그와 같은 일이었던 거야. 그러나 놀랍게도 그 순종이 '그의 때를 이르게' 한 거야. 누군가 예수를 구원자로 받아들인다면 예수께서는 그 안에 주인이 아닌 손님으로 들어가시지.)

"Then, when we obey him, he finally becomes the Master."(그럼 우리가 예수께 순종할 때 그분은 주인이 되시는 거로군요.)

"Exactly. Then amazing things will happen to whom obeys."(정확해. 그때 그 순종한 자에게 놀라운 일이 일어나게 되는 거야.)

몇 달에 걸친 올드파인밸리 사역의 결과, 요아킴의 집에 모이게 된 필리핀 성도의 수가 거의 100명에 이르렀다. 그중에는 이 도시의 여러 대학에 다니는 학생들도 있었다. 기훈은 그들이 대학 전도의 문이 될 수 있다고 생각하며 정성을 다해 하나님의 말씀을 전했다. 기훈은 현지의 필리핀 사람들이 복음을 받은 것에 대해 한국의 교회에 보고했다. 박 목사는 몹시 반가워하며 조만간에 성도들과 함께 단기 선교를 진행하겠다고 알려 왔다. 올드파인밸리의 성도가 다 모이기에는 요아킴의 집이 비좁아 기훈은 두세 차례에 나누어 말씀을 전해야 했다. 한 성도가 요아킴의 집보다 넓은 자기 집을 임시 사역 장소로 제공했지만, 그래도 여전히 공간은 부족했다. 주일에 교회에도 자리가 없을 정도로 많은 사람이 예배를 드리러 왔다.

기훈은 하나님께 넓은 장소를 달라고 간구했다. 올드파인밸리가 가난한 마을이긴 하지만 시내 중심과 그리 멀지 않은 것이 위치상으로 좋아 보였다. 어느 날, 올드파인밸리의 사역을 마친 후 기훈은 많은 사람을 수용할 수 있는 장소가 있을까 하여 마을 구석구석을 다녀보았다. 그때, 기훈의 눈에 들어온 것은 마을 안쪽 깊숙한 곳의 넓은 부지에 세워져 있는 5층 높이의 커다란 새 건물이었다. 기훈은 가까이 가서 자세히 살펴보았다. 정문은 잠겨 있었다. 벽 일부가 통유리로 되어 있어 내부를 살펴보니 비어 있었다. 300명은 넉넉히 들어갈 수 있을 것 같았다. 기훈은 의아했다.

'이런 가난한 동네에 뭐 하러 이런 건물을 지은 걸까? 그리고

왜 아무런 영업도 하지 않는 걸까?'

건물 주위를 둘러보던 그는 근처에서 오래된 큰 소나무들에 가려 잘 보이지 않는 숲길을 발견했다. 사람이 겨우 다닐 수 있을 정도로 폭이 좁았다. 포장도 되지 않아 길이라고 하기에 무색할 정도였다.

'이건 어디로 통하는 거지?'

기훈이 길을 따라가 보니 마을에서 시내로 연결된 큰길이 나왔다. 지프니가 다니는 길이었다. 알고 보니 올드파인밸리 안쪽은 시내 중심과 훨씬 가까웠다. 다만 숲을 가로질러 큰길과 연결되는 도로가 없어 멀리 돌아가야만 하는 것이었다. 어쨌든 기훈이 발견한 숲길을 통해서라면 집까지 걸어서도 갈 수 있을 것 같았다. 기훈은 시간을 재어 보았다. 도착할 때까지 40분이 채 걸리지 않았다.

그 이후로 기훈은 올드파인밸리에 갈 때 그 숲길로 다녔다. 그가 성도들에게 마을 안쪽에 뜬금없이 세워진 새 건물에 관해 물으니 완성된 지 1년쯤 되었는데 계속 그 상태로 방치되고 있다고 했다. 그는 그 건물을 점찍어 놓고 볼 때마다 하나님께 이런 곳을 복음 전할 장소로 허락해 달라고 기도했다.

어느 날 기훈은 숲길을 통해 올드파인밸리로 들어가 새 건물 앞을 지나고 있었다. 거기서 약 50미터쯤 떨어진 곳에 있는, 마을 가장 안쪽 집에서 두 사람이 나오는 것이 보였다. 한 명은 두건을 쓰고 있었다. 주술사였다. 그의 옆에는 하얀 가운을 입은 사람이 묵직해 보이는 가방을 들고 있었다. 왕진을 온 의사 같았다. 주술사가 노환으로 진료를 받는 모양이라고 기훈은 생각했다. 그와 처음 마주쳤을 때 기훈을 노려보던 얼굴에 깊이 팬 주름과 충혈된 눈, 신장이 좋지 못한 사람에게서 흔히 나타나는 검고 탁한 낯빛이 기억났다.

⁂

9월이 되자 새 건물 벽에 커다란 임대 현수막이 붙었다. 그러나 숲에 가려져 큰길 쪽에서는 거의 보이지 않았다. 올드파인밸리의 가장 깊숙한 곳까지 들어오지 않으면 있는지도 모를 이 현수막을 보고 연락할 만한 사람은 아마도 없을 것 같았다. 기훈은 현수막의 전화번호로 연락을 해 보았다. 부동산 에이전트가 전화를 받았다. 에이전트는 주인이 건물과 부지를 팔고 싶어 한다고 했다. 가격은 2,000만 페소에 달했다. 넓은 부지와 건물의 크기를 고려하면 비싼 금액은 아니었다. 기훈은 임대를 원한다고 말했다. 에이전트는 주인에게 물어보고 연락을 주겠다고 했다. 얼마 뒤 그녀는 주인이 임대를 원하지는 않지만 정 원한다면 건물 전체를 빌리는 조건으로 월세 30만 페소를 제시했다고 말했다. 이에 기훈은 건물 전체가 필요하지는 않고 넓게 트인 1층과 2층만 빌리고 싶다고 했는데, 에이전트는 그렇게는 어렵다고 했다.

10월 중순에 한국 교회의 단기 선교팀이 도착했다. 기훈은 승합차와 기사를 대절하고 마닐라 공항으로 마중을 나갔다. 박 목사와 중직자, 평신도, 청년, 노회 소속 다른 교회 목사 등 총 10여 명의 조촐한 인원이었다. 일요일 저녁에 공항에 내린 그들은 자정이 되기 전에 기훈의 사역지에 도착해 호텔에 투숙했다. 밤 이동이기도 하고 개인 차량이라 여러 도시를 통과하는 시외버스보다 걸리는 시간이 훨씬 짧았다.

다음 날부터 금요일까지의 짧은 선교 활동이 시작되었다. 월요일부터 수요일까지는 도시에 산재한 각 대학 캠퍼스와 성도들의 사업장에서 복음을 전하는 일정이었다. 목요일에는 기훈의 올드 파인밸리 사역에 함께 하기로 했다. 마지막 날인 금요일 저녁에는 도시 중심에 있는 컨벤션 센터에서 집회가 예정되어 있었다.

단기 선교를 위해 기훈은 성도들과 함께 준비를 해왔다. 그는 복음에 열성적인 성도들에게 전도할 대상자들의 명단을 노트에 적고, 그들을 생각하며 기도해 보라고 했다. 특히 대학생들 중 믿음 있고 지혜로운 학생들을 각 대학 모임의 대표로 정하고, 학교 복음화를 위해 함께 기도했다. 또한 침례교, 루터교, 감리교 등 여러 다른 교단들의 목사들을 찾아다니며 금요일 집회에 초청했다.

선교팀이 전도 현장에 들어갔을 때, 성도들이 데려온 전도 대상자나 만나게 된 사람들에게 복음을 전해 100여 명이 예수 그리스도를 믿게 되었고, 수십 명이 새롭게 교회로 나오게 되었다.

목요일에 선교팀은 올드파인밸리로 갔다. 많은 성도가 한자리에 모여 있었다. 사역 장소로 들어가려는데, 한 사람이 와서 선교팀을 막아섰다. 바로 주술사였다. 그는 노한 얼굴로 고함을 쳤다.

"Sinong nagpahintulot nagawin yaan dito? Magagalit ang ispiritu ng kakahuyan!"(Who allows to do this here? Spirits of the woods get angry! / 누구 허락받고 여기서 이런 짓을 하는 거야? 숲의 정령님들이 노하신다!)

모두가 당황스러워했으나 한 성도가 다가가서 그에게 말했다. "Kailangan nyo ng tagapagligtas na si Kristo. Maniwala kayo kay Hesus."(You need the savior Christ as well. Believe in Jesus. / 당신도 구원자 그리스도가 필요합니다. 예수를 믿으세요.)

하지만 주술사는 막무가내로 계속 소리쳤다.

"Magsilayas kayo dito!"(Get out of here! / 여기서 나가!)

선교팀은 일단 그를 무시하고 집 안으로 들어갔다. 밖에서 고래고래 외치는 소리가 들렸으나 십여 분이 지나자 포기했는지 잠잠해졌다. 이날은 기훈의 강론 대신 박 목사의 설교가 진행되었다. 기훈은 영어 통역을, 조나단은 타갈로그어 통역을 맡았다.

"여러분, 우리가 사랑하고 신뢰하는 손기훈 선교사님을 필리핀에 파송하게 된 것은 창세 전에 예비된 만남 때문이었습니다."

박 목사는 조나단을 가리키며 말을 이어갔다.

"여기 필리핀 말로 통역을 하고 있는 조나단이 한국에 일하러 왔을 때 손기훈 선교사님을 만나게 되었습니다. 이때 복음이 전달되었고, 전도의 문이 열려 많은 필리핀 분들이 복음을 받게 되었습니다. 하지만 예기치 않은 사건으로 조나단이 고향으로 돌아갈 수밖에 없었고, 이 과정에서 우리 교회가 필리핀에 선교사를 파송하는 게 하나님의 뜻임을 발견했던 것입니다. 지금 여러분과 우리 선교팀의 만남 역시 창세 전에 하나님께서 예비하신 축복 안에서 이루어졌음을 믿습니다. 평소 같으면 손기훈 선교사님이 성도들과 함께 하나님의 말씀을 강론하겠지만, 오늘은 제가 성도에게 역사하는 하나님 보좌의 축복에 대해 말씀을 전하도록 하겠습니다."

성도들은 집중한 눈빛으로 설교자를 바라보았다. 특히 젊은 성도들의 눈이 유난히 반짝거렸다.

"너희는 그 은혜에 의하여 믿음으로 말미암아 구원을 받았으니 이것은 너희에게서 난 것이 아니요 하나님의 선물이라엡2:8. 이는 에베소서 2장 8절의 말씀입니다. 이 말씀에는 두 가지 중요한 키워드가 있습니다. 바로 '은혜'와 '믿음'입니다. 저와 여러분들이 예수 그리스도를 믿어 하나님 자녀가 된 것은 우리의 의지에 의해서가 아닙니다. 저와 여러분이 믿었지만, 그 믿음을 주신 분이 바로 하나님이십니다. 이것을 은혜라고 하지요. 말씀을 하나 더 찾아보겠습니다. 사도행전 13장 48절입니다."

성도들은 성경을 펼쳤다. 박 목사는 해당 구절을 읽었다.

"이방인들이 듣고 기뻐하여 하나님의 말씀을 찬송하며 영생을 주시기로 작정된 자는 다 믿더라행13:48. 이 구절은 '은혜'에 대해 더욱 구체적으로 설명하고 있습니다. '영생을 주시기로 작정되었다.'라는 말은 우리가 아직 세상에 나기도 전에, 하나님이 세상을 만드시기도 전에 하나님께서 우리를 자녀 삼으시기로 미리 정해 두셨다는 것이지요. 즉 하나님이 정하신 때가 되면 구원자이신 예수 그리스도를 받아들이는 믿음이 생기도록 계획되어 있었던 것입니다. 우리의 의지가 전혀 개입할 수 없는 전적인 하나님의 의지에 의해서 말입니다. 어? 그럼 우리는 로봇 같은 존재인가요? 하나님이 다 정하셨으니까 우리는 아무렇게나 살아도 되는 것인가요? 이런 질문을 할 수 있을 것입니다.

성경에는 이에 대한 정확한 답이 있습니다. 복음에는 하나님의 의가 나타나서 믿음으로 믿음에 이르게 하나니 기록된 바 오직 의인은 믿음으로 말미암아 살리라 함과 같으니라롬1:17. 로마서 1장 17절의 말씀입니다. '믿음'으로 '믿음'에 이르게 한다? 앞의 '믿음'과 뒤의 '믿음'은 각각 무엇을 의미하는 것일까요? 둘 다 같은 믿음이라면 굳이 둘로 나누어 기록할 필요가 없겠지요. 앞의 믿음은 하나님의 자녀가 되는 믿음을 의미합니다. 우리의 의지가 개입할 수 없는, 하나님이 정하신 자에게 무조건적으로 주시는 믿음입니다. 뒤의 믿음은 하나님의 자녀답게 살아가는 데 필요한 믿음을 뜻합니다. 여기에는 우리의 의지가 개입합니다. 우리의 의지가 개입한다는 말은 우리가 선택해야 한다는 것을 의미합니다. 하나님의 자녀가 되는 것은 우리의 선택이 아니지만, 하나님의 자녀답게 살기 위해서는 우리가 선택해야 합니다. 그럼 우리가 무엇을 선택하면 될까요? 바로 하나님의 말씀을 선택하면 됩니다. 그런데 문제는 우리의 눈에 하나님의 말씀이 세상과 괴리가 있어 보인다는 점입니다. 하나님의 말씀을 선택하면 손해가 있을 것처럼 보이기도 합니다. 그러나 하나님의 말씀이라면 선택해야 합니다. 우리가 하나님의 말씀을 선택하면 하나님께서는 시공간을 초월하는 보좌의 축복으로 역사하시는데, 이는 바로 놀라운 영적 세계의 움직임으로 나타납니다. 시편 103편 20절을 봅시다. 능력이 있어 여호와의 말씀을 행하며 그의 말씀의 소리를 듣는 여호와의 천사들이여 여호와를 송축하라시103:20. 우리가 하나님의 말씀을 선택하고 이를 두고 기도할 때, 하나님의 말씀을 행하는 천사가 우리를 돕습니다. 이때 우리는 하나님의 놀라운 일들을 체험하게 되는 것입니다. 구약과 신약의 예를 하나씩 들어 보겠습니다. 북이스라엘을 멸망시킨 앗수르는 유다의 히스기야 왕이 자기를 따르지 않자 18만 5천의 군대를 이끌고 쳐들어왔습니다. 그러자 히스기야는 이사야 선지자에게 하나님의 뜻을 물었고, 앗수르 왕이 보낸 편지를 펴놓고 기도했습니다. 바로 그날 밤, 하나님께서 보내신 천사가 18만 5천 명을 시체로 만들었다고 기록되어 있습니다. 또 헤롯 아그립바 1세가 왕이 되어 베드로를 잡아 감옥에 가두고 처형하려던 때, 교회는 그를 위하여 간절히 기도했습니다. 그 시각에 하나님은 천사를 보내어 그를 감옥에서 구출하셨고, 역시 천사를 통해 교회를 훼방하는 악한 헤롯이 벌레에 먹혀 죽게 하셨습니다. 이러한 놀라운 일들은 지금도 하나님의 말씀을 선택하고 기도하는 하나님 자녀들에게 시공간을 초월하여 일어나고 있습니다. 여러분이 해야 할 것은 아무 조건 없이 여러분을 사랑하셔서 구원을 주신 하나님께 감사하며, 오직 예수 그리스도 안에서 하나님의 뜻을 묻고 하나님의 말씀을 선택하는 일입니다. 영원하신 하나님 보좌의 축복이 오늘 이 자리에 모인 귀중한 하나님의 자녀들에게 임하기를 기원하며 말씀을 마치겠습니다."

선교팀은 영어와 타갈로그어로 된 성경을 성도들에게 선물로 나누어 주었다. 성도들은 선교팀의 손을 잡고 함께 기도했다. 언어와 문화는 다르지만 성령의 교통하심으로 동일하게 이해된 복음에 의한 충만한 기쁨은 뜨거운 눈물이 되어 흘렀다.

성도들이 선교팀을 전송하려고 나오는데, 한 노파가 문 앞에서 서성이고 있었다. 그녀는 박 목사에게 다가와 그를 붙잡고 말했다.

"Tulungan mo ako, pagalingin mo ang anak ko, parang awa mo na!"(Help me, heal my son, please. / 도와주세요, 제발 우리 아들을 고쳐주세요.)

그러자 한 성도가 기훈에게 말했다.

"This old woman is the wife of the shaman who was yelling out."(이 노파는 아까 고함을 치던 그 주술사의 아내예요.)

기훈이 그 뜻을 해석하여 박 목사에게 전하자 그는 그 집에 가 보자고 했다. 노파를 따라 집에 들어가니 안에 있던 주술사가 놀란 눈으로 노파를 바라보며 마구 화를 냈다. 노파는 주술사에게 지지 않고 대들었다. 주술사는 그 기세에 눌렸는지 방으로 들어가

버렸다. 집 안에는 빛이 바랜 사진들과 무엇을 그린 것인지 알 수 없는 그림들이 벽에 잔뜩 붙어 있었다. 거실에는 천으로 덮인 상 하나가 있고, 그 위에 물이 담긴 그릇과 초가 놓였다. 바닥에는 주술을 할 때 사용하는 이름 모를 도구들이 어지럽게 널려 있었다. 노파는 선교팀을 구석에 있는 방으로 안내했다. 모두 다 들어가기에 좁은 것 같아 박 목사와 기훈, 조나단만 들어가기로 하고 다른 사람들은 거실에서 기도하기로 했다.

방 안에는 20대 후반에서 30대 초반쯤으로 보이는 남자가 누워 있었다. 그는 거의 미동도 하지 않고 천장만 바라보고 있었다. 각종 호스가 연결되어 있는 것으로 보아 식물인간 상태인 듯했다. 박 목사는 기훈과 조나단에게 통역을 부탁하고 노파에게 말했다.

"당신 아들이 낫게 될지 아닐지는 하나님의 손에 달려 있습니다. 제가 할 수 있는 것은 그에게 예수 그리스도의 복음을 전하는 일뿐입니다. 괜찮겠습니까?"

노파는 통역을 듣고 고개를 끄덕였다. 박 목사는 그녀의 아들에게 다가가 머리에 손을 얹었다. 그는 잠시 기도한 후, 하나님의 창조, 인간의 타락, 유일하고 완전한 구원자이신 예수 그리스도를 십여 분 동안 설명했다. 기훈과 조나단은 영어와 타갈로그어로 통역했다. 박 목사는 마지막으로 그 청년에게 예수 그리스도를 믿겠느냐고 물었다. 노파는 눈물을 글썽이며 자기 아들의 얼굴을 바라보고 있었다. 그런데 그때, 청년의 눈에서 작은 구슬 같은 것이 솟아났다. 작지만 영롱한 빛을 머금은 그것은 얼굴을 타고 또르르

굴러 침대 머리맡에 스몄다.

시내로 돌아온 박 목사와 선교팀은 기훈과 그 가족, 복음을 받은 세자들과 함께 식사를 했다. 선교팀은 불과 1년도 채 되지 않는 기간에 수많은 현지인에게 그리스도의 복음이 전해진 일을 확인하고 놀라워했다. 특히 요아킴을 포함하여 복음에 열성이 있는 대학생 제자들이 세워진 것에 기뻐했다. 박 목사는 예배를 위한 공간의 필요성에 공감하며 함께 기도하겠다고 말했다. 선교팀에는 서울에서 사업체를 경영하는 최영회 장로가 있었는데, 그는 예배 장소를 마련하는 데 개인적으로 헌금을 하고 싶으니 부담 갖지 말고 교회를 통해 언제든 연락을 달라고 했다.

이튿날 집회에는 500여 명이 모여들었다. 기훈을 통해 복음을 받은 성도들뿐만 아니라 초청을 받은 현지의 다른 교단 목사들과 성도들도 참석했다. 예배가 시작되었고 설교 시간이 되어 박 목사가 강대상 앞에 섰다.

"사랑하는 필리핀 성도 여러분, 50년 전에 한국에는 전쟁이 일어났습니다. 1950년 6월 25일 새벽에 인민군은 기습 남침을 했고, 속수무책으로 며칠 만에 서울을 내준 한국은 순식간에 부산을 제외한 모든 지역을 빼앗기고 말았습니다. 그때, 부산에 있던 성도들은 하나님이 없다고 하면서 예수 믿는 자들을 마구잡이로 죽이는 공산주의로 한반도가 완전히 물드는 일을 막기 위해 함께 모여 간절히 기도했습니다. 전쟁의 소식이 알려지자 곧바로 유엔의 한국 전쟁 참전 여부를 결정하기 위한 안전보장이사회가 열렸습니다. 그런데 당연히 참전에 대해 거부권을 행사할 것으로 예상되었던 소련이 불참함으로써 유엔군의 참전이 결정되었습니다. 생각지도 못한 방법으로 하나님은 한국의 적화를 막으셨습니다. 한국이 이러한 위기를 만났을 때, 필리핀은 유엔군 참전국 중 여섯 번째로 많은 7,000여 명의 군인을 보내 주었습니다.

단 한 명의 병력도 아쉬운 상황에서 필리핀의 파병은 한국에 엄청난 도움이었습니다. 여러 전투에서 수많은 필리핀 군인들이 피를 흘렸고, 그 희생의 결과 한국은 적화의 위기에서 벗어났습니다. 그리고 예수 그리스도의 복음이 꽃을 피운 한국은 많은 선교사를 세계 곳곳에 파송하는 나라가 되었습니다. 저는 한국 전쟁 당시 필리핀 분들의 고귀한 희생에 대해 고개 숙여 진심으로 감사하는 바입니다. 또한 우리를 도와준 필리핀의 복음화를 위해 기도하고, 필리핀이 전 세계 복음화를 위한 하나님의 계획을 성취하는 데 귀중한 나라로 쓰임 받을 수 있도록 돕는 것이 마땅하다고 생각합니다."

이와 같이 시작한 박 목사의 설교에는 하나님의 세계 복음화 계획과 이에 쓰임 받기 위한 성도의 자세에 대한 메시지가 담겨 있었다. 박 목사는 하나님의 뜻이 세계 복음화에 있으므로 하나님께서는 선교에 마음을 담은 개인과 나라를 언제나 축복하셨다고 했다. 그는 또 평소에 모든 만남과 일에 하나님의 뜻을 질문하여 말씀과 기도로 답을 찾는 혼자만의 깊은 시간을 가져야 한다고 했다. 이를 통해 하나님이 주시는 답을 발견하고 삶 속에서 말씀이 성취되는 체험을 하게 되는데, 그러면 예수 그리스도의 증인으로 세워지며 그것이 곧 세계 복음화로 연결되는 축복을 누리는 방법이라고 강조했다.

선교팀이 집회를 마치고 밖으로 나가려는데, 세 사람이 박 목사 앞으로 와서 무릎을 꿇었다. 주술사와 그의 부인, 그리고 침대에 누워 있던 그 아들이었다. 그는 놀랍게도 의식이 돌아왔고 아위긴 했어도 건강해 보였다. 박 목사는 그들을 일으키며 말했다.

"무릎은 오직 하나님께만 꿇으세요."

그들은 박 목사를 따라 예수 그리스도를 구원자로 받아들이는 기도를 했다. 주술사의 이름은 아미한Amihan이었다. 그는 올드파인밸리에서 대대로 살아온 토박이로 넓은 땅을 소유하고 있었다. 그의 외아들은 몇 년 전 갑자기 쓰러졌고, 그 이후 계속 식물인간 상태로 살아왔다고 했다. 박 목사는 기훈에게 아미한과 그 가족들의 영적인 양육을 맡기고 다음 날 일행과 힘께 마닐라로 돌아가 귀국했다.

※※※

12월이 되었다. 메인 스트리트는 평소보다 훨씬 활기가 넘쳤다. 작년보다 더욱 큰 트리가 세워졌고, 더욱 화려하게 장식되었다. 빠른 박자의 경쾌한 캐럴은 사람들의 발걸음을 쇼핑몰과 상점으로 재촉했다. 새로운 천년의 시작이 얼마 남지 않은 시기였다. 실체 없이 고조된 막연한 기대가 전염병처럼 퍼져 있어 사람들은

하나같이 매우 들뜬 얼굴이었다. 잘 모르는 사람들 사이에도

"Merry Christmas!"(메리 크리스마스!)

또는

"Happy new millenium!"(행복한 새 천 년 되세요!)

하는 인사가 전혀 어색하지 않은 분위기였다.

그런데 이때, 이스트를 많이 넣은 빵처럼 잔뜩 부풀어 있던 사람들의 마음에 찬물을 끼얹는 사건이 하나 일어났다. 강력 범죄였다. 도시의 한 대학교에 다니던 다른 지역 출신의 여대생 하나가 총에 맞아 숨진 것이었다. 사건을 담당한 지방 경찰 관계자는 피해자가 강간을 당하지 않으려고 저항하다가 피살된 것으로 여겼다. 신문에는 피해자가 산 파블로에 쇼핑을 하러 갔다가 시내에서 멀리 떨어진 대학교 근처의 집으로 귀가하던 중 참변을 당했다는 기사가 실렸다. 이 사건이 특히 충격적이었던 이유는 범인으로 요아킴의 형이 지목되었기 때문이었다.

목격자를 자처하는 한 사람은 근무 교대를 하고 집에 돌아가던 요아킴의 형이 피해자의 뒤를 따라갔다고 진술했고, 또 다른 목격자는 피해자가 탄 지프니에서 그를 보았다고 했다. 이에 따라 경찰은 별 증거도 없이 그를 체포했다. 그는 곧바로 집으로 걸어갔기 때문에 알리바이가 있었다. 그러나 때가 밤이라 마주친 사람들을 특정하지 못했고, 마침 가족들이 예배에 참석하여 늦게 집에 돌아오는 바람에 이를 증명해 줄 사람이 없는 상황이었다. 게다가 사실이 전혀 아닌 이상한 소문, 이를테면 요아킴의 형이 원래 잔

인한 사람이었다는 등의 이야기가 돌았고, 이는 그에게 매우 불리하게 작용하고 있었다.

요아킴은 형의 결백을 증명하기 위해 백방으로 뛰어다녔으나 대학생인 그가 할 수 있는 일은 별로 없었다. 부패한 경찰이 따로 요구하는 막대한 돈을 내거나 유능한 변호사를 선임하기에는 그의 집에 경제적인 능력이 없었다. 요아킴은 기훈을 찾아왔다. 그의 눈빛에는 원망이 서려 있었다.

"My whole family accepted Jesus. So, why did this happen to us?"(우리 가족 모두 예수를 믿었는데, 왜 우리에게 이런 일이 일어난 거죠?)

"Joachim, I'm sorry for your brother's case. But God has plan. Let's find it."(요아킴, 네 형 일은 유감이다. 하지만 하나님은 계획을 가지고 계셔. 그걸 찾아보자.)

"What plan? The plan that my brother will be convicted?"(무슨 계획이요? 우리 형이 유죄판결을 받는 계획이요?)

그렇게 소리친 후 그는 사라졌다. 예배에도 나오지 않았고, 집에 찾아가도 없었다. 그의 부모는 그가 마닐라에 간다고 말하고는 돌아오지 않는다며 눈물을 흘렸다. 기훈과 성도들은 그가 시험에 들지 않기를 기도했다.

크리스마스를 며칠 정도 앞두고 전화가 걸려왔다. 부동산 에이전트였다. 그녀는 건물 주인이 1~2층을 얼마에 임대하기를 원하는지 물었다고 했다. 기훈은 월 10만 페소를 제시했다. 그러자 그녀는 혹시 15만 페소에 전층을 사용하는 것은 어떠냐고 물었다.

기훈이 머뭇거리자 에이전트는 그럼 보증금을 한 달치로 하고 첫 달의 임차료를 내지 않는 조건으로는 어떠냐고 했다. 계속 팔리지도 않고 임대도 되지 않아 주인의 마음이 급해진 모양이었다. 기훈은 3~5층까지를 사용할 필요는 없다고 생각했지만, 에이전트가 제시한 조건이라면 상당히 괜찮은 거래였기 때문에 일단 건물을 직접 보자고 했다. 에이전트는 당장이라도 볼 수 있다고 하여 기훈은 조나단과 함께 올드파인밸리로 갔다.

건물 안은 깨끗했다. 전에 기훈이 유리창을 통해 보았던 그대로 1층은 모든 성도가 한꺼번에 들어가도 공간이 많이 남을 정도로 넓었다. 잘하면 400명까지도 수용할 수 있어 보였다. 2층도 같은 면적이었다. 3층부터 5층까지는 호텔 객실 같은 구조였다. 복도가 있고 화장실이 딸린 방이 여러 개 있었다. 교회 내 각종 소모임과 강론을 하기에 적합해 보였다.

하나님께서 아주 좋은 장소를 준비하셨다는 생각이 든 기훈은 계약서를 쓰자고 했다. 한국 교회의 지원과 성도들의 헌금으로는 월세를 감당하기에 매우 빠듯하긴 했지만, 기훈은 계속 늘어나는 성도들을 위한 쾌적한 예배 장소의 확보가 무엇보다 중요하다고 생각했다. 에이전트를 통해 날짜를 조율하여 크리스마스 연휴가 끝난 직후에 계약하기로 결정되었다. 기훈은 곧바로 한국의 교회에 연락했고, 최 장로를 비롯한 성도들은 헌금을 모아 송금해 주었다.

12월 23일, 기훈은 사역을 마친 후 은행으로 갔다. 크리스마스 연휴 전에 돈을 찾으려는 사람들이 많았기 때문에 대기가 길었고, 기훈은 은행 마감 시간이 다 되어서야 겨우 돈을 찾을 수 있었다. 보증금과 2개월 차의 한 달 치 선불금, 용달 비용, 집기 구입 비용 등을 인출하니 묵직한 지폐 다발이 몇 묶음이나 되었다.

은행 문을 나서니 이미 거리에는 어둠이 내려앉았다. 이날은 하늘이 청명해서 그런지 별이 유난히 빛나는 것 같았다. 그러나 사람들의 시선은 메인 스트리트에서 화려하게 반짝이는 대형 크리스마스 트리를 향하고 있었다. 기훈을 제외하고 하늘을 올려다보는 사람은 없었다.

쇼핑몰 앞에는 줄이 길게 늘어서 있었고, 쇼핑을 마치고 나오는 사람들은 양손에 많은 짐을 들었어도 하나같이 즐거운 표정이었다. 기훈은 발걸음을 재촉했다. 소매치기들이 활발하게 활동하는 시기였기 때문이었다.

도시에 사는 대부분의 사람들이 시내로 몰려들었는지 집으로 돌아가는 길에는 사람의 그림자도 보이지 않았다. 기훈은 언덕길을 빠르게 지났고 가쁜 숨을 내쉬었다. 그런데 골목으로 들어서는 순간, 관자놀이에 차가운 감촉이 느껴졌다. 그리고 작지만 또렷한 목소리가 등 뒤에서 들렸다.

"Freeze."(꼼짝 마.)

기훈은 두 손을 들었다. 곁눈질로 보니 강도들은 두 명이었고, 복면을 쓰고 있었다.

"Give me your bag, quickly!"(가방을 내놔, 빨리!)

총을 들지 않은 사람이 기훈의 백팩을 가져갔다.

"Stay still, or you die."(이대로 가만히 있어, 안 그러면 죽는다.)

둘 중에 말을 하는 사람은 총을 든 한 명뿐이었다. 언덕을 달려 내려가는 소리가 들렸고 이내 조용해지자 기훈은 재빨리 집으로 들어갔다. 그는 곧바로 경찰에 신고하기 위해 수화기를 들었다. 그러다 문득 짚이는 데가 있어 수화기를 내려놓았다.

"여보, 왜 그래?"

기훈의 아내가 물었다.

"아, 아무것도 아니야."

기훈은 저녁을 먹고 혼자 2층의 방으로 들어가 생각에 잠겼다. 많지는 않아도 한국에서 살던 작은 아파트의 보증금을 예치해 둔 계좌가 있었기 때문에 당장 계약에는 문제가 없었다. 하지만 그 돈은 정말 비상시에 쓰려고 했던 것이고, 인출하려면 어쩔 수 없이 아내에게 사정을 설명해야 했다. 또한 용달 비용이나 집기 구입 비용까지 충당하기에는 부족했다. 그의 마음속에는 염려를 동반한 온갖 생각이 쏟아져 들어왔다. 홍수에 떠밀려 온 잡동사니 중에 쓸모 있는 생각을 찾아보려 했으나 소용이 없었다.

생각의 늪에서 허우적거리던 그는 문득 상 위에 놓인 성경을 발견했다. 그것은 항상 거기 놓여 있었다. 그는 전날에 마지막으로 읽었던 부분을 펼쳤다. 마침 빌립보서 4장을 읽을 차례였다. 그는 작은 소리로 1절부터 읽기 시작했다. 그리고 다음의 구절에 도달했다.

> 아무 것도 염려하지 말고 다만 모든 일에 기도와 간구로,
> **너희 구할 것을 감사함으로 하나님께 아뢰라**
> 그리하면 모든 지각에 뛰어난 하나님의 평강이
> 그리스도 예수 안에서 **너희** 마음과 생각을 지키시리라
> 빌4:6~7

기훈은 두 구절을 깊이 되뇌었고, 이내 정신을 차릴 수 있었다. 그는 곧 무릎을 꿇었다. 그리고 이런 일을 허락하신 하나님께 감사하며, 그의 뜻을 간구하는 기도를 시작했다.

몇 시간이 지났다. 아내와 딸은 일찍 잠이 들었고, 기훈은 말씀을 묵상하고 있었다. 그때, 누군가 기훈의 집 문을 두드렸다. 기훈은 문 앞으로 가서 누구인지 확인했다. 노크를 한 사람은 다름 아닌 요아킴이었다. 기훈은 문을 열었다. 요아킴은 기훈을 보자마자 흐느끼며 무릎을 꿇었다. 그는 가방을 내밀었다. 바로 기훈이 빼앗겼던 그 가방이었다. 기훈은 그를 데리고 가서 마당에 있는 벤치에 앉혔다. 그리고 무슨 일이 있었는지를 들었다.

요아킴은 형의 보석금과 변호사 비용을 마련하기 위해 마닐라까지 가 보았으나 돈은 구하지 못했고, 친구인 호세Jose의 꾐에 넘

어가고 말았다. 호세는 일단 급한 불부터 끄자며 기훈의 돈을 빼앗자고 했다. 요아킴은 내키지 않았지만, 형의 누명을 벗기고 나서 어떻게든 갚겠다고 스스로 다짐하며 범행에 나섰다.

호세는 권총과 복면을 준비했고, 그들은 기훈의 뒤를 밟으며 기회를 노리다가 마침내 돈이 든 가방을 강탈하는 데 성공했다. 그들은 언덕길을 내려가며 복면을 벗고 시내의 인파 속으로 사라졌다. 그리고 그들만 아는 도시의 모처에 은신했다. 돈을 세어 보니 50만 페소나 되었다. 그런데, 호세는 애초에 요아킴과 돈을 나눌 생각이 없었다. 그는 요아킴을 위협하여 가방을 빼앗고 달아나려 했다. 바로 그때, 걸어 잠갔던 문이 열리더니 검은 옷을 입은, 특수 기동대처럼 보이는 사람 다섯 명이 들어왔다. 발라클라바 (Balaclava: 머리와 얼굴을 완전히 덮어씌워 눈만 보이도록 만든 방한용 모자)가 그들의 머리를 완전히 감쌌고 눈부분은 베일에 가려져 있어 얼굴을 식별할 수 없었다. 그들은 커다란 기관총을 들고 있었다. 잘못 건드렸다가는 온몸이 벌집이 될 수 있을 것 같았다. 호세는 겁에 질려 떨리는 손으로 권총을 잡았다. 그러다가 자기도 모르게 그만 방아쇠를 당기고 말았다. 그런데, 분명히 한 명에게 명중했으나 놀랍게도 그 사람은 어떤 충격도 받지 않고 멀쩡했다. 그들이 호세와 요아킴을 향해 기관총을 들이대자 호세는 기절하고 말았다. 이때 요아킴은 박 목사의 설교를 떠올렸고, 그들이 천사라고 확신했다. 그들 중 한 사람이 요아킴에게 말했다.

"Ibalik mo ang pera kay Pastor Son."(Give the money back to

pastor Son. / 돈을 손 목사님께 돌려 드려라.)

요아킴은 이를 하나님의 명령으로 받들어 곧장 기훈의 집으로 돌아왔던 것이었다.

"Forgive me, please. I have sinned greatly."(용서해 주세요. 제가 죽을죄를 지었습니다.)

요아킴은 다시 무릎을 꿇으며 말했다.

기훈은 왠지 강도 중의 한 명이 요아킴일지도 모른다고 생각했었다. 그래서 경찰에 신고하지 않았던 것이었다. 그는 오네시모에 관한 말씀을 떠올렸다. 오네시모는 사도 바울이 빌레몬에게 보내는 편지인 빌레몬서에 등장하는 인물이다. 그는 빌레몬의 노예였는데, 주인의 돈을 훔쳐 로마로 달아났다가 적발되어 감옥에 갇히게 되었다. 마침 그 감옥에 수감되어 있던 바울을 만나 복음을 받았고, 바울은 오네시모에게 믿음과 성령의 교통하심이 있음을 확인하여 그를 '심복'mine own bowels이라고 여겼디(몬1:12). 그래서 빌레몬에게 그를 용서하고, 종이 아닌 사랑하는 형제로 대하라고 부탁하는 편지를 쓴 것이었다. 일설에 따르면 오네시모는 나중에 에베소 교회의 감독으로 세워져 많은 사람에게 복음을 전하는 중요한 역할을 했다고 한다.

기훈은 먼저 요아킴이 하나님을 의식하지 않고 행동한 것에 대해 호되게 책망한 후 말했다.

"Didn't I say we must choose the Word of God? But I know that your brother's case must cloud your judgement. How much do you need?"(우리는 하나님의 말씀을 선택해야 한다고 내가 말하지 않았었나? 그러나 너의 형 일이 네 판단을 흐리게 했으리라는 점을 나는 안다. 얼마가 필요하냐?)

요아킴이 필요한 돈은 20만 페소였다. 기훈은 그를 용서하고 필요한 돈을 주었다. 요아킴은 반드시 갚겠다고 했다. 그러나 기훈은 교회의 귀중한 성도인 요아킴의 형을 위해 그 돈을 사용하는 것이니 갚지 않아도 된다고 했다. 요아킴이 그럴 수 없다고 하자, 정 갚으려거든 나중에 천천히 하라고 말했다. 요아킴은 감격한 얼굴로 눈물을 흘렸다. 그는 눈물을 닦고는

"Merry Christmas!"(메리 크리스마스!)

하고 인사했다.

"Merry Christmas, everyday."(매일 메리 크리스마스.)

기훈은 그렇게 답하며 미소를 지었다.

≫

크리스마스 연휴가 끝나고 임대 계약은 문제없이 성립되었다. 주인은 싸게 팔 테니 나중에라도 땅과 건물을 사는 게 어떠냐고 권유했다. 기훈은 고려해 보겠다고 말했다.

새해 초에는 이전된 교회를 새롭게 정비하느라 온 성도가 바쁘게 움직였다. 어린이로부터 노인에 이르기까지 함께 청소를 하고 가구를 옮기는 등 예배와 교제를 위해 예배당을 쾌적하게 만드는 데 모두 힘을 모았다. 교회가 이전되고 나서부터는 더욱 많은 사

람이 복음을 듣기 위해 몰려들었다.

한편, 요아킴의 형은 보석금을 내고 석방되었다. 성도들, 특히 대학생들은 목격자를 자청한 사람이 누구인지, 그가 정말 그 시각에 산 파블로에 있었는지, 지프니를 탔는지 등을 확인하기 위해 협력했다. 또한 선임된 변호사는 이들이 찾아낸 정보를 토대로 무죄를 증명하기 위한 노력을 이어갔다. 그러던 사이 여대생 살해범의 공범이 자수하는 일이 일어났다. 그는 대학생 성도들의 탐문 활동에 대한 소문을 듣고 경찰이 진범을 잡기 위해 제대로 된 수사를 시작했다고 판단했다.

공범은 목격자들을 매수한 사람이었다. 그는 경찰이 찾고 있는데도 나타나지 않으면 자기가 주범으로 몰릴 수 있다는 생각에 범행을 자백한 것이었다. 그를 통해 사건의 전말이 밝혀졌는데, 진범은 피해자의 옛 애인이었다. 그는 피해자와 헤어진 지 오래되었으나 그녀를 잊지 못하다가 다시 만나 달라고 요구했다. 하지만 그녀가 차가운 태도로 거절하자 앙심을 품고 범행을 저지른 것이었다. 공범의 진술에 따라 경찰은 수사를 다시 진행했고, 결국 진범이 체포되었다. 이로써 요아킴의 형은 혐의를 완전히 벗을 수 있었다.

요아킴은 이 일을 계기로 기훈을 평생의 은인으로 여기게 되었다. 기훈을 그림자처럼 보좌하며 성심을 다해 그의 사역을 도왔다. 그는 대학생 리더로 교회를 섬기며 말씀 강론을 주도하여 대학생들의 영적 성장을 이끌었고, 학교에서도 복음을 전하는 데 힘썼다. 그 결과, 여러 선후배와 동기들이 예수를 구원자로 영접하여 교회에 나오게 되었다.

⁂

이전한 교회가 안정되자 기훈은 교회 건물의 3~5층을 어떻게 활용할지 고민했다. 그는 조나단과 요아킴이 함께 있는 자리에서 이에 관해 이야기했다. 그러자 요아킴이 좋은 생각이 떠오른 듯 말했다.

"How about establishing an English language institute for Korean people?"(한국인들을 위한 영어 어학원을 세우는 것은 어떨까요?)

전에 단기 선교를 왔던 한국의 성도들은 영어를 거의 하지 못해 기훈이 항상 통역을 해야만 했다. 그때 요아킴은 국력에 비해 한국인들의 영어 실력이 형편없다는 점에 놀라워했었다. 그런데 그가 마닐라에 갔을 때, 우연히 한국인들을 위한 어학원을 보았던 것이었다.

기훈은 요아킴의 의견을 대단히 좋게 생각했다. 많은 한국인이 영어에 대단한 노력을 쏟고 있지만 주로 단어 암기와 문법, 독해 위주의 공부를 하기 때문에 말하기와 듣기가 잘 안되었다. 그게 바로 한국식 영어 학습의 폐해였다. 기훈은 선교사를 지망하여 영어를 필요로 하는 교역자들이나, 신앙도 키우면서 영어도 공부하고 싶은 한국 교회의 성도들을 대상으로 시작해 보자고 했다. 교회 건물 2층을 수업 공간으로, 3~5층을 학생들의 숙소로 사용하면 될 것 같았다. 또 필리핀 최고의 대학에서 영어 교육을 전공한 요아킴은 필리핀 성도들을 교사로 양성하는 일을 맡기기에 제격이었다.

구상을 끝낸 기훈은 운영 시스템을 파악하기 위해 마닐라의 어학원을 방문했고, 조나단의 도움으로 법인 설립 등의 법률적 문제를 검토했다. 여러 절차를 거친 끝에 준비를 모두 마친 기훈은 한국의 교회에 홍보를 부탁했고, 박 목사는 적극적으로 소속 교단 전체에 이를 알렸다. 그리고 얼마 후, 첫 기수로 20여 명의 학생을 받게 되었다. 영국이나 미국, 호주의 어학원에서는 한 강사가 여러 학생과 수업을 하는 방식으로 학습이 진행되었지만, 필리핀에서는 인건비가 싸기 때문에 일대일 수업이 가능했다. 이는 말을 할 수 있는 기회를 극대화함으로써 영어 실력을 빠르게 향상시킬 수 있다는 장점을 지니고 있었다. 게다가 연수 비용이 영국이나 미국 등에 비하면 굉장히 저렴했다.

기훈이 설립한 어학원의 교육과정은 절반을 일대일로 편성한 하루 여섯 시간의 수업으로, 4주를 한 단위로 하여 진행되었다. 교사들이 최선을 다해 가르치기도 했고, 학생들의 열의도 강하여 수업의 효과는 매우 컸다. 첫 4주 과정을 성공적으로 마치자 어학원에 대한 관심이 높아져 학생 수가 지속적으로 늘어났다. 6개월쯤 지나니 인원이 70명에 달했고 공간이 부족한 상황이 되었다. 어학원의 수익도 기대 이상이었다. 교사로 고용한 필리핀 성도들에게 웬만한 직장의 두 배에 달하는 임금을 주었는데도 설립한 지

불과 1년 만에 땅과 건물을 살 수 있을 정도의 많은 이익을 거두게 된 것이었다. 기훈은 건물 주인에게 연락했다. 그는 반색하며 당장 땅과 건물을 팔겠다고 했다. 적정선에서 가격 조율이 이루어져 주인이 처음 제시했던 금액보다 저렴하게 매매가 성사되었다.

세금 등을 정리하고 소유권을 넘겨받은 후에 기훈은 에이전트에게 주인이 왜 이렇게 싼 가격에 물건을 넘겼는지 물었다.

"He was planning to run a hotel. There was a rumor that a road through the woods in Old Pine Valley would be constructed. If so, the place would be great for running a hotel because it's easy to get to the city center without having to go through the poor neighborhood. A city officer said 'It's only a matter of time.' But there was a problem. That woods was owned by an old man and he was not cooperative."(원래 전 주인은 호텔을 운영하려고 건물을 지었어요. 올드파인밸리 안쪽에 있는 숲을 가로지르는 도로가 생긴다는 얘기가 있었죠. 그럼 그 가난한 마을을 통과하지 않아도 바로 시내와 연결되니까, 그 땅은 호텔을 하기에 최적이었어요. 도시 관계자가 도로 개통은 시간문제라고 했어요. 그런데 문제가 생겼어요. 그 숲은 대부분 그 앞에 사는 한 노인의 소유였는데, 그가 비협조적으로 나온 거예요.)

"The man who 'was' a shaman?"(주술사'였던' 그 사람이요?)

"Yes, he was so obstinate. He didn't want the road to go through his property. More money, coaxing…, no use at all. It was obvious he would go bankrupt if he tried to run the hotel without the road so the building has been empty. But it became harder and harder to pay the interest on a loan rate. He decided to rent it out but it was hard as well. Eventually, he lowered the rent. By the way, 'was' a shaman? Not now?"(맞아요. 어찌나 고집이 세던지 그는 끝내 도로 개통을 허락하지 않더라고요. 이런 상황에서 주인은 호텔을 오픈했다가 망할 것이라고 생각해서 건물을 비워 두고 있었어요. 그러다가 비싼 대출 이자를 더이상 감당할 수 없어서 어쩔 수 없이 임대하기로 했죠. 하지만 그것도 잘되지 않았어요. 결국 가격을 낮추었던 거죠. 그런데 주술사'였던'이라니요? 지금은 주술사가 아닌가요?)

"He became a Christian."(그는 기독교인이 되었어요.)

"What a surprise! How did it happen?"(정말 놀랄 일이네요. 어떻게 그런 일이 일어났죠?)

기훈은 에이전트에게 무슨 일이 있었는지를 설명하고 복음을 전했다. 이때 그녀는 마음이 열려 하나님의 자녀가 되었고, 기훈은 그녀를 교회로 인도했다.

⫸⫸⫸

기훈은 아미한을 찾아갔다. 도로를 개통하는 데 도움을 달라고 요청하기 위해서였다. 아미한은 일말의 망설임도 없이 협조하겠다고 했다. 심지어 기훈이 매입한 부지 바로 옆에 있는 땅을 제공하겠다고 나섰다. 기훈은 그냥 넘겨주겠다는 것을 끝까지 말리며 적절한 값을 주고 사겠다고 했다. 모든 일은 일사천리로 진행되었다. 아미한에게서 매입한 땅에 건축을 시작했고, 1년 만에 새 어학원 건물과 큰 교회가 세워졌다. 그 사이 숲을 지나는 도로가 개통되어 올드파인밸리의 사람들은 편리하게 시내를 다닐 수 있게 되었고, 도시의 다른 지역에 사는 성도들 역시 쉽게 교회로 올 수 있었다.

어학원의 체계는 더욱 확립되었다. 학업과 일을 병행하다가 졸업한 요아킴은 본격적으로 교사들을 양성하고 관리하는 헤드 티쳐로 활동했다. 기독교인 대상 어학연수는 꾸준히 수요가 있어 어학원에는 200명이 넘는 학생들이 등록했고, 교사들의 수도 150명에 이르렀다. 한국의 학교들이 방학일 때는 어린이들을 대상으로 3~4주의 영어 여름성경학교도 진행했다.

어학원과 교회의 규모가 많이 커지자 교회는 지역 사회를 위한 다양한 활동을 시작했다. 집안 사정이 어려워도 열심히 공부하는 학생들을 위한 장학금을 기탁했고, 태풍 피해를 당한 주민들에게 음식과 옷을 제공했다. 한국의 의료 봉사 팀을 초청하여 무료 진료 활동도 진행했으며, 시립 병원의 의료시설 확충을 위해 후원하기도 했다. 시 당국에서는 양질의 고용 창출과 구제 및 후원 활동에 대한 감사의 표시로 교회에 표창장을 수여했다. 그리고 시의 다양한 행사에 기훈을 연사로 초청했다. 그가 그런 자리를 복음 전할 최고의 기회로 여긴 것은 두말할 나위가 없었다.

기훈은 교회와 어학원 성장의 열매가 예수 그리스도 안에서 한 마음으로 교회를 섬기는 성도들에게 돌아가야 한다고 생각하고 실천에 옮겼다. 이로 인해 성도들은 경제적인 여유가 생겼고, 올드파인밸리의 모습이 점점 변하기 시작했다. 몇 년 후에는 새 건물이 많이 들어선 깔끔하고 쾌적한 지역으로 탈바꿈했다.

기훈은 이러한 성공적인 선교 사역을 모두 하나님의 은혜로 돌렸다. 성경의 말씀대로 많은 현지인 제자가 세워졌고, 그들 중 일부는 메트로 마닐라와 세부Cebu, 민다나오Mindanao 등의 필리핀 국내 지역으로, 또한 홍콩Hongkong과 두바이Dubai, 동남아시아, 미국과 캐나다 등의 해외로 흩어졌는데, 그곳에서도 복음이 전파되는 역사가 일어났다. 그래서 기훈의 사역은 비단 이 도시에만 국한되지 않고 필리핀 전 지역을 아우르게 되었으며 국제적인 성격도 띠었다. 특히 MSN(Microsoft 사의 네트워크, Master of Science in Nursing의 약칭)이나 스카이프Skype 등의 인터넷 채팅 및 전화 서비스가 상용화된 후에는 이를 적극적으로 활용하여 원격지의 제자들을 말씀으로 양육하기도 했다. 이렇게 양육된 제자 중에는 한국의 신학교에서 공부를 하여 목회자가 되는 이들도 많았다. 기훈은 이후에도 하나님께서 무엇을 원하시는지 질문하며 항상 말씀 묵상과 기도에 힘썼다.

⁂

그러던 어느 날, 기훈은 필리핀을 떠나 새로운 선교지로 가라는 하나님의 말씀을 받았다. 그와 그의 가족은 이에 순종했고, 미련 없이 모든 사역을 조나단과 요아킴을 비롯한 현지인 제자들에게 맡겼다. 필리핀에 온 지 거의 7년 만의 일이었다.

기훈은 새로운 현장으로 떠나기 전, 잠시 한국에서 시간을 보내기로 하고, 귀국하자마자 교회를 찾았다. 필리핀에서의 사역이 눈코 뜰 새 없이 너무 숨가쁘게 진행되어 그동안 한 번도 고국을 방문한 적이 없었던 그였다.

박 목사와 성도들은 예수 그리스도의 증인으로 귀환한 그를 뜨겁게 환영했다. 박 목사는 예배 중에 기훈을 위한 시간을 마련했고, 그는 필리핀에서 일어난 하나님의 역사를 간증했다. 성도들은 세계 복음화를 향한 하나님의 계획과 이를 성취하시는 성령의 역사에 놀라움을 금치 못했다. 기훈의 간증에 감동을 받은 많은 이들이 세계 선교에 더욱 마음을 담게 되었다.

예배가 끝나고 최영회 장로가 기훈을 찾아왔다. 네 명의 중직자들과 함께였다.

"선교사님, 오늘 은혜 정말 많이 받았습니다. 간증을 듣다가 깜짝 놀랐는데요. 저와 여기 네 분은 첫 단기 선교 이후로 담임 목사님이 주신 사도행전 13장 1절 말씀에 따라 한 팀이 되어 선교사님과 필리핀을 위해 기도해 왔어요. 지금도 마찬가지이고요. 그런데 6년 전 그날, 그러니까 1999년 12월 23일이었지요.

크리스마스 전야제를 위해 필리핀 청년들이 저녁에 교회에 모여 늦게까지 연극 연습을 한다기에, 저희가 맛있는 것을 좀 사다 주었어요. 그래서 똑똑히 기억하고 있습니다. 요아킴 성도에게 다섯 천사가 나타났다는 바로 그 시각쯤이었지요. 그때 저희 다섯 명이 기도실에서 간절히 기도하고 있었어요. 선교사님과 필리핀 사역 위에 하나님 나라와 보좌의 축복이 임하도록 말입니다. 이게, 우연은 아니었겠지요?"

That Night

그날 밤

운명에서 해방되는 그 밤,
하늘 군대의 승전 나팔 소리가 울려 퍼진다.

그날 밤 That Night

초판 1쇄	2022년 3월 5일
지은이	임재영
펴낸곳	옌아트출판
주 소	서울시 강남구 테헤란로 507 13층 108호
	yenart7@naver.com
ISBN	979-11-89578-11-4

ⓒ 임재영 2022

이 책은 저작권법에 따라 보호를 받는 저작물이므로 무단전재와 복제를 금지하며,
이 책 내용의 전부 또는 일부를 사용하려면 반드시 저작권자의 서면 동의를 받아야 합니다.

잘못된 책은 바꾸어 드립니다.